W0063028

Entdecken Sie Ischia!

*Der größte Schatz der Insel sind Schönheit
und Heilkraft ihrer Natur*

S *üß ist einzuatmen,*
nahe dem Gestade,
Den Duft, den der Windhauch
sanft dir entgegenbringt;
Auf dein Haupt rieselt sacht,
aus des Windes Gnade,
Orangenblütengruß,
wie dir der Baum zuwinkt

Die für Sie hier übersetzten Verse schrieb der französische Dichter Alphonse de Lamartine, als er 1844 zum dritten Mal auf seiner geliebten Insel landete (»Salut à l'île d'Ischia« – Gruß an die Insel Ischia). Mit seinem Gedichtband im Reisegepäck kamen auch wir wieder zurück nach Ischia. Seit Lamartines Zeiten hat sich freilich vieles geändert. Doch hat die »grüne Insel« in manchen Gegenden, wo in den letzten Jahrzehnten der Tourismus und die Bauspekulation nicht die Oberhand gewinnen konnten, noch ihren ganzen Zauber und ihre Ursprünglichkeit bewahrt.

Eng schmiegt sich das ehemalige Fischernest S. Angelo, heute autofreies Feriendorf, an den bewachsenen Tuffhügel

Seit Menschengedenken unverändert blieb auch die Heilkraft der zahlreichen Thermalquellen. Im vulkanischen Herd kocht die Magma unter der Insel immer noch. Sie sorgt freigebig für die Wärme der hervorsprudelnden Quellen und emporstrebenden Dampfsäulen: ein unerschöpfliches »Grundkapital«. Verwertet wird es, zum Vorteil und Genuß der Kurgäste, auf mancherlei Weise. Auch der Sportfreund kommt dabei keineswegs zu kurz: Außer den Freuden, die ihm das Meer mit sämtlichen Möglichkeiten des Wassersports bietet, findet er in den meisten gerade für Ischia zugeschnittenen Thermalparks sogar Swimmingpools mit olympischen Maßen vor. Angenehm erinnern diese Kurgärten an märchenhafte Vorbilder aus Tausendundeiner Nacht: Felsen mit Wasserfällen, plätschernde Springbrunnen und Bäche, Laubengänge, Statuen in blütenreichen Parkanlagen und Grotten umrahmen die Sonnenterrassen, Gewächshäuser, Cafés, Restaurants, Spielplätze und Bäder. Sie bilden mit Kneipp-Becken und

Kurhallen für die verschiedenen Anwendungen – von Unterwassermassage bis Schönheitspflege – ein wahres Freizeitparadies. Die schönsten unter ihnen verfügen sogar über einen eigenen Sandstrand. Flotte Unterhaltungsprogramme unter dem Sternenhimmel ergänzen das Angebot. Die besseren Hotels haben meist ihre eigenen Thermal- und Kuranlagen.

Echt naturverbundene »Heilwasserfans« suchen auch wilde Schluchten auf, die nicht einmal schwierig zu erreichen sind; dort nehmen sie ihre Quellbäder im ursprünglichen Ambiente, wie es in alten Zeiten griechischen Nymphen oder römischen Matronen vertraut war. Nun, die Nymphen, Hüterinnen der Quellen, waren ihrer unvergänglichen Schönheit und Jugend sicher. Die ehrwürdigen Damen der römischen High-Society suchten aber die Nitrodi- und Citara-Quellen auf, um die Jugendfrische von Antlitz und Körper zu pflegen und zu bewahren.

Dann noch der König aller Strände, der über zwei Kilometer lange Maronti, mit dem feinsten lavadunklen Sand. Es gehört dort zum Service, von helfenden Händen in den heißen Sand eingebuddelt zu werden. Oder man gräbt rohe Eier ein und verzehrt sie, vom Naturofen hartgekocht, mit kleinen gebratenen Fischen.

Nach Jahrhunderten geologischer und historischer Erschütterungen befanden sich Ischias Bäder in einem verwahrlosten Zustand, als in der zweiten Hälfte des 16. Jhs. die Balneologie (Heilquellenkunde) begann, sich zu einer Wissenschaft zu mausern. Vorreiter waren die deutsche Reinhardt Gathmann (mit dem Pseudonym Reiner Solenander), der Franzose Charles Nepveu – vor allem aber der Neapolitaner Giulio Iasolino. Sein erstmals 1588 veröffentlichtes Buch wurde zu einer Art Ischia-Bibel. Iasolinos bahnbrechendes Werk über Insel, Heilquellen und Fumarolen (in vulkanischen Gebieten aus Erdspalten ausströmende Gase und Wasserdämpfe) hat ein vielzitiertes Titelbild, das uns zurück in die Welt der griechischen Mythologie führt. Der im Kampf zwischen Göttern und Titanen gestürzte rebellische Riese Typhoeus liegt unter Ischia, von Zeus an den Epomeo gekettet (Prometheus hatte es auch nicht besser): Wälzt er sich vor Qual, so erbebt die ganze Insel; seine Tränen werden zu Quellen, sein Stöhnen stößt die Fumarolen hervor. Manche Orte auf Ischia tragen noch heute Namen, die auf Körperteile des Giganten hinweisen: *Testaccio* wäre der dicke Kopf, *Ciglio* = Augenbraue, *Panza* = Bauch, *Fontana* = Quelle (no comment!) – mindestens behaupten dies etliche Legendendeuter!

Von Legenden umwoben war Ischia schon immer; Sage und Geschichte, Phantasie und Realität ergänzen sich auf frappierende Weise bei Casamicciola: Auf dem Castiglione-Hügel soll Odysseus Gast am Hof des Phäakenkönigs Alkinoos gewesen sein – Ausgrabungsfunde weisen dort auf eine Siedlung aus der mykenischen Kulturperiode (Bronzezeit, etwa 1400–1300 v. Chr.) hin. Grotte der Sybille heißt eine Höhle unterhalb des Hügels bei Punta della Scrofa;

MARCO ⊕ POLO

ISCHIA

Fünf Symbole sollen Ihnen
die Orientierung in diesem Führer erleichtern:

für Marco Polo Tips – die besten in jeder Kategorie

für alle Objekte, bei denen Sie auch eine schöne Aussicht haben

für Plätze, wo Sie bestimmt viele Einheimische treffen

für Treffpunkte für junge Leute

(108/A 1)
Seitenzahlen und Koordinaten für den Reiseatlas Ischia

(U/A 1) *Koordinaten für den Stadtplan Ischia im hinteren Umschlag*

Diesen Führer schrieb Pia de Simony.
Sie lebt seit fünfzehn Jahren in Italien und berichtet im Fernsehen,
in Nachrichten- und Reisemagazinen über dieses Land.
Das Kapitel »Routen auf Ischia« stammt von Bettina Dürr.
Die Marco Polo Reihe wird herausgegeben
von Ferdinand Ranft.

MAIRS GEOGRAPHISCHER VERLAG

MARCO ⊕ POLO

Für Ihre nächste Reise gibt es folgende Titel dieser Reihe:

Ägypten • Alaska • Algarve • Allgäu • Amrum/Föhr • Amsterdam • Andalusien • Antarktis • Argentinien/Buenos Aires • Athen • Australien • Azoren • Bahamas • Bali/Lombok • Baltikum • Bangkok • Barbados • Barcelona • Bayerischer Wald • Berlin • Berner Oberland • Bodensee • Bornholm • Brasilien/Rio • Bretagne • Brüssel • Budapest • Bulgarien • Burgenland • Burgund • Capri • Chalkidiki • Chiemgau/Berchtesgaden • China • Costa Blanca • Costa Brava • Costa del Sol/Granada • Costa Rica • Côte d'Azur • Dalmatinische Küste • Dänemark • Disneyland Paris • Dolomiten • Dominikanische Republik • Dresden • Dubai/Emirate/Oman • Düsseldorf • Ecuador/Galapagos • Eifel • Elba • Elsaß • England • Erzgebirge/Vogtland • Feuerland/Patagonien • Finnland • Flandern • Florenz • Florida • Franken • Frankfurt • Frankreich • Französische Atlantikküste • Fuerteventura • Galicien/Nordwest-Spanien • Gardasee • Golf von Neapel • Gran Canaria • Griechenland • Griechische Inseln/Ägäis • Hamburg • Harz • Hawaii • Heidelberg • Holland • Holländische Küste • Hongkong • Ibiza/Formentera • Indien • Ionische Inseln • Irland • Ischia • Island • Israel • Istanbul • Istrien • Italien • Italien Nord • Italien Süd • Ital. Adria • Ital. Riviera • Jamaika • Japan • Java/Sumatra • Jemen • Jerusalem • Jordanien • Kalifornien • Kanada • Kanada Ost • Kanada West • Kanalinseln • Karibik I • Karibik II • Kärnten • Kenia • Köln • Königsberg/Ostpreußen Nord • Kopenhagen • Korsika • Kos • Kreta • Krim/Schwarzmeerküste • Kuba • Languedoc-Roussillon • Lanzarote • La Palma • Leipzig • Libanon • Lissabon • Lofoten • Loire-Tal • London • Lüneburger Heide • Luxemburg • Macau • Madagaskar • Madeira • Madrid • Mailand/Lombardei • Malaysia • Malediven • Mallorca • Malta • Mark Brandenburg • Marokko • Masurische Seen • Mauritius • Mecklenburger Seenplatte • Menorca • Mexiko • Mosel • Moskau • München • Namibia • Nepal • Neuseeland • New York • Nordseeküste: Schleswig-Holstein • Normandie • Norwegen • Oberbayern • Oberitalienische Seen • Oberschwaben • Österreich • Ostfriesische Inseln • Ostseeküste: Mecklenburg-Vorpommern • Ostseeküste: Schleswig-Holstein • Paris • Peking • Peloponnes • Pfalz • Philippinen • Piemont/Turin • Polen • Portugal • Potsdam • Prag • Provence • Rhodos • Riesengebirge • Rocky Mountains • Rom • Rügen • Rumänien • Rußland • Salzburg/Salzkammergut • Samos • San Francisco • Sardinien • Schottland • Schwarzwald • Schweden • Schweiz • Seychellen • Singapur • Sizilien • Slowakei • Spanien • Spreewald/Lausitz • Sri Lanka • Steiermark • Sankt Petersburg • Südafrika • Südamerika • Südengland • Südkorea • Südsee • Südtirol • Sylt • Syrien • Taiwan • Teneriffa • Tessin • Thailand • Thüringen • Tirol • Tokio • Toskana • Tschechien • Tunesien • Türkei • Türkische Mittelmeerküste • Umbrien • Ungarn • USA • USA: Neuengland • USA Ost • USA Südstaaten • USA Südwest • USA West • Usedom • Venedig • Venezuela • Vietnam • Wales • Die Wartburg/Eisenach und Umgebung • Weimar • Wien • Zürich • Zypern • Die besten Weine in Deutschland • Die 30 tollsten Ziele in Europa • Die tollsten Hotels in Deutschland • Die tollsten Musicals in Deutschland • Die tollsten Restaurants in Deutschland

Die Marco Polo Redaktion freut sich, wenn Sie ihr schreiben: Marco Polo Redaktion, Mairs Geographischer Verlag, Postfach 31 51, D-73751 Ostfildern

Unsere Autoren haben nach bestem Wissen recherchiert. Trotzdem schleichen sich manchmal Fehler ein, für die der Verlag keine Haftung übernehmen kann.

Titelbild: Kirche S. Maria delle Grazie in Ischia Ponte (Mauritius: Hubatka)
Fotos: Kallabis (15, 18, 23, 46, 76); Lade: Ege (7); Mauritius: Hubatka (4, 10, 107), Mayer (9, 12, 20, 32); Schapowalow: Sellmer (85), Thiele (52, 78), Waldkirch (43); Schuster: Roth (57), Rudolph (74), Waldkirch (16), Storto (36, 54, 62); Thiele (68); Transglobe: Schrader (Anreise, 91) Waldkirch (24, 29)

5., aktualisierte Auflage 1998
© *Mairs Geographischer Verlag, Ostfildern*
Lektorat: Heinz Vrchota
Gestaltung: Thienhaus/Wippermann (Büro Hamburg)
Kartographie Reiseatlas: © Kompass, Rum/Innsbruck
Sprachführer: in Zusammenarbeit mit Ernst Klett Verlag für Wissen und Bildung GmbH, Redaktion PONS Wörterbücher

Printed in Germany
Gedruckt auf 100% chlorfreiem Papier

INHALT

dort soll die legendäre Wahrsagerin aus Cumae ihre Flüchtlingszeit auf Ischia gefristet haben.

Aus dem 8.–5. Jh. v. Chr., der Zeit der gemeinsamen Geschichte der ersten beiden griechischen Kolonien (Pithekussai und Cumae) auf dem Boden Italiens, stammt auch die Sage von der wundersamen Heilung einer lahmen griechischen Frau durch das seitdem bewährte Quellwasser Casamicciolas: Frau Mezula (oder Nizzola) als Wegbereiterin des späteren Kurbetriebs.

Heilwässer und Dampfbäder, Sand- und Fangopackungen sind aber nicht das einzige Geschenk Ischias für den Feriengast, der Fitneß, Erholung und Entspannung sucht. Schließlich geht der heutige Name der Insel (früher »Iscla«) auf das lateinische Wort *insula* (= Insel) zurück und hat

mit dem Ischias-Nerv nicht das geringste zu tun.

»Grüne Insel« heißt Ischia (ca. 50 000 Ew.) auch heute nicht von ungefähr. Ihr vulkanischer Boden begünstigt aber eine anders geartete Vegetation als etwa der Kalkboden Capris. Die griechischen Siedler von der Insel Euböa beschenkten Ischia mit dem Weinbau und den Oliven; die spanischen Herren, die mit dem Aragoneserkönig Alfons I. das Kastell eroberten, führten aus Sizilien den Johannisbrotbaum und den Feigenkaktus ein. Worauf es aber ankommt, ist der reiche Waldbestand Ischias. Dichte Kastanienwälder sorgen für frische Luft und Schatten an den Nord- und Westhängen des Epomeo, Steineiche und Hainbuche gesellen sich dazu. Die Schirmkiefern in den Pinienhainen über den ehemaligen Lavafel-

Eine der höchstgelegenen Kirchen Ischias steht in Fontana

Geschichtstabelle

Jungsteinzeit/um 3500 v. Chr.
Älteste Spuren prähistorischer
Menschen

Bronzezeit/frühe Eisenzeit
Mykenische Kulturreste (Vulkan-
ausbruch zerstört Siedlung)

770 v. Chr.
Gründung von Pithekussai
(von euböischen Griechen aus
Eretria und Chalkis)

750–725 v. Chr.
Gründung von Cumae durch
Pithekussaner

524 v. Chr.
Cumae schlägt Etrusker-
Angriff aus Capua zurück

5. Jh. v. Chr., 1. Hälfte
Gründung der griechischen
Kolonie Neapolis

474 v. Chr.
Seeschlacht vor Cumae: Sieg
gegen Etrusker mit Hilfe des
Bündnispartners Hieron von
Syrakus. Dafür erhält dieser
Pithekussai und errichtet dort
Befestigungen

421–420 v. Chr.
Die Samniter erobern Cumae.
Neapolis bleibt griechisch und
übernimmt Pithekussai

82 v. Chr.
Silla aus Rom erobert Neapel
und zerstört Pithekussai. Die
Stadt Aenaria gibt nun der
Insel ihren Namen

29 v. Chr.
Kaiser Augustus tauscht mit
Neapel Ischia gegen Capri ein

130–150 n. Chr.
Aenaria versinkt im Meer

558 n. Chr.
Byzanz erobert Ischia, und
Neapel erhält die Insel zurück

661–1130
Neapel unter Byzanz

812, 840, 847
Schwere Sarazeneneinfälle

1134
Ischia wird normannisch

1194–1265
Stauferherrschaft

1265–1282
Anjou-Herrschaft

1283–1438
Kämpfe zwischen den Häusern
Anjou und Aragon

1301–1303
Lavaausbruch des Arso

6. Juni 1496
Statthalter d'Avalos schlägt die
französische Flotte Karls VIII.

29. September 1538
Erdbeben zwischen Baia und
Pozzuoli zerstört dortige
Thermalquellen, Badekultur
verlagert sich nach Ischia

1707–1734
Österreichische Herrschaft

1734–1860
Bourbonen-Herrschaft

21.–22. Juni 1806
Franzosen auf Ischia von
englischer Flotte angegriffen

1828, 1863, 1880, 1881, 1883
Letzte Erdbeben auf Ischia

1861
Königreich Neapel und Ischia
kommen zum vereinten Italien

dern erreichen oft monumentale Ausmaße. Der dicht bewachsene Wald von Falanga ist noch unversehrt. Die ausgedehnten Pinienhaine von Castiglione und Fiaiano, Fondo d'Oglio, der Maddalena-Wald am Monte Rotaro, der von Pietra Marina am Fuß des Monte di Vezzi – um nur die schönsten zu erwähnen – umgeben den Naturfreund mit Ruhe und Geborgenheit. Die Pilzkenner finden im Spätsommer reiche Beute in den Mischwäldern am Monte Rotaro. Bis in den November hinein kann man Steinpilze sammeln, auch den *Amanita caesarea*, den Lieblingspilz der römischen Kaiser, oder den *Mazza di tamburo*, den Trommelschläger. Zu der typisch mediterranen Vegetation gehören die fahlrosa- oder gelbfarbene Zistrose, der Erdbeerbaum mit seinen rosaroten Blütenbällchen und scharlachroten Beeren, Erika, Rosmarin, Mastixbaum, Oleaster, Wolfsmilch, Asphodill, Nieswurz, Kornelkirsche, freilich auch die Macchia in den trockeneren, wärmeren Gebieten der Südküste. An den Felswänden der Schluchten gedeihen seltene Farnsorten; der *Cyperus polystachyus* hingegen, ein Tropengewächs, wächst in ganz Europa nur auf Ischia, er liebt die Nähe der warmen Fumarolen.

Wenn von April an der Ginster blüht, ist die Insel wie mit Gold besät. Wie die bei ihrer einmaligen Blüte in die Höhe schießenden Agaven und die Opuntien sich an den steilen Felswänden festkrallen, ist ein besonders malerischer Anblick an der Südostküste. Im Unterholz des Falanga-Waldes wartet manche duftende Überraschung auf den Fein-

Exotische Blütenpracht im Garten der Villa Gancia in Forìo

schmecker. Die Voraussetzung ist jedoch: Augen offenhalten, sich manchmal sogar bücken. Thymian, Oregano, Majoran, Rizinus, Bohnen- und Pfefferkraut kann man dann pflücken. Sogar wilder Spargel wächst dort als Gabe der Natur.

Vielleicht treffen Sie auf ein aufgescheuchtes Wildkaninchen: Es stellt die Prominenz in Ischias Tierwelt und auf der Speisekarte der Einheimischen dar. Die kleinen, wohlschmeckenden grünen Schnecken, die *maruzze,* sind leider rar geworden, doch hat sich neuerdings ein Gastwirt mit Hingabe ihrer Züchtung angenommen. Dieser Riccardo d'Ambra ist ein mit beiden Beinen fest auf Ischias Erde stehender Idealist, der sich in den Kopf gesetzt hat, die echte Bauerntradition der Insel in Küche und Folklore wieder aufleben zu lassen. In seiner Trattoria Il Focolare am Fuß des Monte Rotaro veranstaltet er festliche gastronomische Abende, bei denen mal

Warum sollte man beim Essen auf den Meerblick verzichten?

die Schnecken, mal die Gewürz-kräuter des Falanga-Waldes, mal der erlesene Wein aus bekannter Familienproduktion, mal die Volkskunst im Mittelpunkt stehen. Dann treten neapolitanische Sänger und Musiker auf, vor allem aber die temperamentvollen ischitanischen Tanzgruppen 'Ndrezzata und U'Punton. Hier kann man Ischia hautnah erleben, wie auch in den kühlen Weinkellern, wo das freundlich angebotene Glas Wein ein Zeichen der Gastlichkeit und nicht des Geschäftssinns ist. Meistens sind diese Keller in den grünlichen Tuffelsen gehauen. Seit Jahrhunderten dienten sie auch als Flucht- und Wohnstätte, mit natürlichem Airconditioning. Allein im Falanga-Gebiet kann man 17 solche Felsenbehausungen finden. Die imposanteste wird *La Pietra* (der Stein) genannt und liegt in der Nähe von Panza.

Die wahre Schönheit der Insel, das Zusammenwirken von Natur und menschlicher Hand, entdeckt man erst, wenn man sich nicht scheut, in den Wäldern und Weinbergen vagabundierend herumzuspazieren.

»Tuckern um den Tuff herum« ist wiederum ein Erlebnis, das man sich nicht entgehen lassen sollte. Man bucht eine dreistündige Inselrundfahrt per Schiff, um alles aus der Meeresperspektive zu bestaunen. Besonders eindrucksvoll ist die kleine Seefahrt vor den steilen Felsküsten, Klippen, unzugänglichen Buchten und Landspitzen. Ihre Farben – vom hellen Ockergelb über Tuffgrün bis Trachytgrau –, ihre linienreiche geologische Struktur und ihre die Phantasie anregenden Formen erzählen viel von der vulkanisch-tektonischen Entstehungsgeschichte Ischias. Und auch von der bildhauerisch tätigen Kraft der Wasser- und Winderosion. Punta Caruso an der Nordwestspitze der Insel, Punta del Soccorso mit der Wallfahrtskirche auf dem Felsplateau und Punta Imperatore mit dem Leuchtturm im Westen, dann die ganze Südküste bis Punta S. Pancrazio mit ihren Felsbuchten und Landzungen, den ins Meer hinabfallenden Schluchten, dem Maronti-Strand und der zerklüfteten Scarrupata lassen das Herz höher schlagen. Die Ankunft im Hafen von S. Angelo und ein Kurzaufenthalt dort wären allein schon die Reise wert. Die *Grotte des Zauberers* (30 m tief, 10 m breit) ist eine gemeinsame Schöpfung der vulkanischen Kräfte und der Meererosion in gelb-rot-grauer Farbharmonie. An der Ostküste: ein Zauberblick auf die Hügel von Campagnano und den Kastellfelsen. Nun verstehen wir, warum Filmregisseur Joseph Mankiewicz 1963 mit Liz Taylor und Richard Burton eine Flottenszene seines Mammutfilms »Cleopatra« auf diesem Gewässer drehte. In der Nähe ein kurzer Halt: Im Scheinwerferlicht können wir, durch die Kielfenster des Schiffs, die drei bis vier Meter hohen Seegrasfelder bestaunen. Möwenscharen fliegen majestätisch von der kleinen Vivara-Insel herüber. Das Tüpfelchen auf dem i: Die ganze Zeit liegt die Herrlichkeit des Golfs von Neapel, von Capri bis Procida, vor unseren Augen.

Die vulkanisch-geologische Entstehungsgeschichte Ischias (46,3 qkm) hängt eng zusammen mit den unterirdischen Kräften und Erschütterungen dieses malerischen Gebiets. In einer Höhe von etlichen hundert Metern sind Schaltierreste (auch heute im Meer lebender Muschel- und Schneckenarten) in Schlamm-Ablagerungsschichten auf dem Tuff Beweis dafür, daß der Epomeo einmal schon unter den Meeresspiegel gesunken war und erst gegen Ende der geologischen Neuzeit wieder aufgetaucht ist. Nun sinkt aber die Insel, seit der Römerzeit, unaufhaltsam um etwa drei Millimeter jährlich wieder ins Meer ab. Man kann dies an den vom Meer angenagten Stränden und an den warmen Quellen erkennen, die heute unter dem Meeresspiegel hervorsprudeln. (In 1000 Jahren macht diese Kleinigkeit zwar einen Niveauunterschied von drei Metern aus, ist aber auf absehbare Zeit nicht urlaubsstörend.)

Keine Sorge: Der Boden auf Ischia wackelt nicht. Nebenbei erwähnt: Wer sich speziell für Vulkane interessiert, kann auf der Insel sämtliche Varianten ihrer Tätigkeit an den zurückgebliebenen Spuren studieren.

Seit Menschengedenken war Ischia mit dem wechselhaften Schicksal Neapels verbunden, doch anfangs hatte die Inselkolonie der Griechen einen historischen Vorsprung: Pithekussai und die von dort aus gegründete Siedlung von Cumae (bei Neapel) gab es schon längst (8. Jh. v. Chr.), bevor Neapel entstand. Darauf sind die Ischitaner genauso stolz wie auf die jüngste Entwicklung ihrer »grünen« Insel. Und wer auch die Natur auf Ischia in sein Ferienprogramm einbaut, dem Autoverkehr und dem lärmenden Tourismusbetrieb bewußt ausweicht, der wird heute noch die Erfahrung des bayerischen Königs Ludwig I. teilen können. In einer Mußestunde dichtete der königliche Ischia-Stammgast:

Hin nach Ischia flüchte du
Aus dem Gewirre des Lebens
Ruhe findest du da,
Welche dir längst entfloh

Folgen Sie seinem Rat, und Sie werden es nicht bereuen.

Von den Römern zum Radon

Wichtiges über historische und andere Ereignisse
auf der quirligen Insel

Aenaria

Ischias Name in der Römerzeit, nach dem Hafen- und Metall-industrie-Städtchen benannt, das vor dem heutigen Ischia Ponte gegen Mitte des 2. Jhs. n. Chr. im Meer versank.

Besucher

Den namhaften und interessanten Gästen auf der Insel von 1550 bis Ende des 19. Jhs. widmete der große Ischiafreund und -spezialist Prof. Paul Buchner das unterhaltsame Buch »Gast auf Ischia«. Eine geeignetere Ferienlektüre kann man sich kaum vorstellen. Nur einige Namen der prominenten Gäste zur Anregung: Bayerns König Ludwig I., Johann Winckelmann, Theodor Mommsen, Alphonse de Lamartine, Henri Stendhal, Hans Christian Andersen, Henrik Ibsen, Mark Twain, Arnold Böcklin, Felix Mendelssohn Bartholdy, Giacomo Meyerbeer.

Majolikafliesen schmücken den Glockenturm der Annunziata-Kirche in dem kleinen Bergdorf Campagnano

Bradyseismische Bewegung

Langsames Steigen oder Sinken des Bodens vulkanischen Ursprungs. Ischia sinkt jährlich um drei Millimeter ab.

Buonocore, Francesco

Ischitanischer Doktor, Schüler des berühmten Philosophen Giambattista Vico, Hofarzt, Bauherr des ersten richtigen Hotelbetriebs und Sanatoriums in Ischia Porto (1735). In der Villa, später Königsresidenz, heute Militär-Thermalanstalt, wohnten damals Adelige zur Sommerkur.

Cava

Bedeutet auf deutsch: Bruch, Grube. Auf Ischia bezeichnet das Wort wilde, tiefe Schluchten, von der Wassererosion in die Flanken des Epomeo geschnitten. Sie führen Regen- und Quellwasser ins Meer. Besonders bekannt: Cava Scura, die »Dunkle«, mit ihrer Heilquelle.

Fango

Durch vulkanische Vorgänge entstandene Tonerde, mit der in Ischia, nach entsprechender Reifezeit in heißem Thermalwasser, die berühmten »therapeutischen Schlammkuren« gemacht werden (max. 12 cm dick, ca. 47 °C). Dieser reichlich vorhandene »Qualitätston« war das Rohmaterial für die Keramikindustrie von Pithekussai.

Kirchenboom
Die Zeit der pittoresk dahinwelkenden Kirchen mit abblätternden Fassaden ist auf Ischia vorbei. Wo nicht schon renoviert wurde, ist man gerade dabei. Den größten Teil der Kosten und der Arbeit tragen die Gläubigen selber. Die Fassaden sind in neuen Pastelltönen gestrichen. Der reiche Barockstuck ist überall auf Hochglanz gebracht. Das war eine Menge Arbeit, denn knapp 60 Kirchen stehen auf der Insel den treuen Seelen offen. Nur zum Vergleich: zwölf in Ischia, elf in Forìo, zehn in Casamicciola, acht in Barano, sechs in Lacco Ameno, fünf in Serrara Fontana, drei in Panza, zwei in S. Angelo.

Die Lilie der Santa Restituta
Schade: Man findet sie nicht mehr in der Bucht von S. Montano, die kleinen weißen Blüten der Seelilie *(Pancratium maritimum)*. Nach der schönen Legende der Schutzpatronin Ischias wurde das Boot mit dem unversehrten Körper der hl. Restituta dort an Land getrieben. Wundersamerweise sollen daraufhin die Lilien erblüht sein. Der Märtyrertod der Jungfrau, vermutlich Schülerin des ebenfalls hingerichteten Bischofs Zyprian, fällt in die Zeit der Christenverfolgungen unter Kaiser Diokletian (um 284 n.Chr.). Ihr Körper sollte mit dem Boot verbrannt und im Meer versenkt werden. Aus ihrer Kirche in Lacco Ameno wurden die Restituta-Reliquien im 7. Jh. nach Neapel gebracht.

'Ndrezzata und U'Punton
So heißen im Ortsdialekt die beiden Folkloretänze uralter Tradition, die in Buonopane, bei Barano, weiterleben. Die 'Ndrezzata (aus *intrecciata* = Verflechtung) ist eine Art Schwerttanz: Neun Tänzerpaare – nur Männer, alle mit roten Jacken, weißen Kniebundhosen und roter bzw. weißer Zipfelmütze gekleidet, je einen Holzschlegel und -säbel in den Händen – formen zwei konzentrische Kreise. Symbolisch kämpfen sie gegeneinander und bewegen sich in immer schneller werdendem Tempo, angefeuert von Tamburin- und Klarinettenrhythmen. *U'Punton* wird, ebenfalls mit Stöcken, zu den Klängen von Blasinstrumenten getanzt. Man imitiert dabei das Feststampfen der Dachkuppel – nach der alten Sitte der nachbarlichen Hilfe beim Hausbauen. Beide Tänze sind mit ihren Tanzgruppen für Gastauftritte sehr gefragt. Man ist stolz auf die Tanzkunst, deren Tradition vom Vater auf den Sohn vererbt wird.

Parracine
So heißen auf ischitanisch die oft jahrhundertealten robusten Trockenmauern aus groben Lava- oder Tuffsteinen, die Hohlwege säumen, Weinbergterrassen stützen oder Grundstücke begrenzen. Mit Pflanzen bewachsen, stellen sie eine bemerkenswerte Einheit von Form und Funktion, von menschlichem Schaffen und Natur dar.

Pilastri

»Pfeiler« (Pilaster) nennt der Volksmund die Aquäduktreste bei S. Antuono, an der Straße von Ischia Porto nach Barano. Sie sind nicht römischen Ursprungs, wie oft behauptet wird, sondern stammen aus dem 17. Jh.

Quellen der Gesundheit

In Europa ist Ischia das Gebiet mit den meisten Mineralquellen. Aus den Thermalquellen sprudelt warmes Wasser (zwischen 20 °C und 99 °C). Nicht weniger als 103 Quellen entspringen den 29 sogenannten »hydrothermalen Becken«. Außerdem gibt es 69 Felder *(= campi)* mit Fumarolen (heiße Wasserdämpfe).

Radon

Edelgas mit Heilwirkung, das durch natürliche Radioaktivität entsteht. Der Name stammt von der Nobelpreisträgerin Marie Curie. Sie machte ihre Entdeckung 1917–18 in den Thermen von Lacco Ameno.

Wasserversorgung

1958 wurden zwei Rohrleitungen auf dem Meeresboden installiert, die vom Festland Trinkwasser auf die Insel bringen. Es war höchste Zeit, die Zisternenwirtschaft abzulösen. Flüsse gibt es keine auf Ischia. Das trinkbare Quellwasser reicht bei weitem nicht. Auf die Bedeutung der Anlage weisen die Gedenktafel am Kastelldamm und der Springbrunnen bei der Heiligengeist-Kirche hin. Den Brunnen schuf der bekannteste Bildhauer Ischias, Antonio Mascolo, ein Freund des chilenischen Dichters Pablo Neruda.

Der ausgetretene Pfad führt zum Gipfel des Epomeo

Für Feinschmecker

*Spezialitäten aus Meer und Wald –
und dazu ein Inselwein*

Essen

Auf Ischia kann man richtig schlemmen. Die ischitanische Kochkunst unterscheidet sich kaum von der neapolitanischen Küche: sehr schmackhaft – manchmal auch scharf – mit Pfefferschoten (sechs Sorten!), Tomaten und Frischkräutern gewürzt. Knoblauch, kaltgepreßtes Olivenöl und Weißwein gehören meist dazu. Zur Einstimmung beginnt man mit *bruschetta:* geröstetes Weißbrot mit Knoblauch-Tomaten-Paste bestrichen – ein Appetizer-Erlebnis! Von den unzähligen Pastagerichten sind *bucatini al sugo di coniglio* (Rohrnudeln in Kaninchensauce) und *penne all'arrabbiata* (kurze, geriffelte Makkaroni mit Pfefferschoten) am beliebtesten. Auf keiner Speisekarte fehlt die *zuppa di pesce* (frische Fischsuppe mit einer Vielfalt von Meeresgetier). Mies- und Venusmuscheln sind eine Selbstverständlichkeit, wie auch *polpi affogati* (Polypen in pikanter Sauce »ertränkt«). Fleischgourmets sollten die Inselspezialität *coniglio all'ischitana* (Wildkaninchen-Schmorbraten in Weißwein und Tomatensaft) nicht verschmähen.

Gaumenfreuden in der Via Mazzella in Ischia Ponte

Trinken

Die Insel bringt ausgezeichnete Weine hervor. Dank des vulkanischen Bodens und der günstigen Sonnenlage der Weinberge (manche sogar auf 500 m Höhe!) gedeihen die Reben prächtig. Vorwiegend gibt es Weißweine – leicht, trocken, würzig, strohgelbe Farbe. Die Spitzenweine, *Biancolella, Tenuta Frassitelli* und *Forastera,* passen ideal zu Fischgerichten. Erlesene Rotweine sind der blumige *Don Alfonzo* und der delikate *Per' e Palummo* (»Taubenfuß«), *Tenuta Montecorvo.* Es munden aber auch die preiswerteren *Ischia Rosso* (den man jung trinken sollte) und *Ischia Bianco:* der erquickende Sommerrenner! Die erwähnten Weine sind alle D.O.C. *(D.O.C. = Denominazione di Origine Controllata),* d.h. staatlich anerkannte Qualitätsweine. Sie werden von den beiden traditionellen Weinkellereien Perrazzo und D'Ambra im Gebiet Forio und Panza produziert. Der ischitanische Sekt *Kalimera* ist der große eisgekühlte Stimmungsmacher. Für Pizzafans empfehlen wir *Pizzavino* – den süffigen Tropfen zu ihrem Lieblingsgericht!
Warme Küche gibt es meistens von 12.30 bis 14.30 und von 19.30 bis 22 Uhr (im Sommer bis Mitternacht). In der Hochsaison kein Ruhetag

Zum Shopping nach Ischia

Neueste Mode und Luxus, Firlefanz und Kunsthandwerk –
hier können Wünsche wahr werden

Während die meisten Hotels auf der Insel von Ende Oktober bis Ostern geschlossen bleiben, haben fast alle Läden und Boutiquen rund ums Jahr auf. Zehn Gehminuten vom Hafen von *Ischia Porto,* schon sind Sie – der Via Roma folgend – auf dem Corso Vittoria Colonna, der Einkaufsstraße par excellence. Exklusive Modetempel (z.B. *La Caprese Più, La Vetrina, Dominique*) säumen die langgestreckte Gasse bis zur modernen Piazzetta dei Pini. Darunter auch schicke Schuh- und Lederwarengeschäfte (z.B. *Judith Major* oder *Brovelli*), noble Juwelier- und Antiquitätenläden. In Sachen Antikmöbel ist *El Prado Antichità* in *Lacco Ameno* (Piazza S. Restituta) nicht zu überbieten. Hier geht man auf dem Corso Rizzoli einkaufen. Der Corso Umberto in *Forio* gibt sich weniger elegant, dafür aber preiswerter. In *S. Angelo* bummelt man am besten gleich in Hafennähe, wo die Boutiquen dicht nebeneinander liegen. Ca-

samicciola hat keine nennenswerte Einkaufsstraße, ist jedoch dank der 400jährigen Tradition der Töpfermeister Mennella die Heimat der Keramikkunst. Wer farbenfrohe Tassen und Teller mag, ist bei *Il Pirata* in *S. Angelo* an der richtigen Adresse. Fundgrube für originelle Geschenkideen ist auch der Delikatessenladen *Ischia Sapori (Via R. Gianturco, Ischia Porto):* Spitzenprodukt des Hauses ist *Lemonis,* ein Likör aus reiner Zitrone mit Schale, nach guter alter Bauerntradition hergestellt. Überraschungen aus Ton und Pappmaché findet man im »ausgeflippten« Laden *Sinicuik (Piazzetta dei Pini, Ischia Porto).* Wer ein »Stück von der Insel« nach Hause mitnehmen will, kauft sich in der *Profumeria Scotti (Ischia Porto)* echten Ischia-Fango für die Gesichtspflege. Die schönsten Ölgemälde und Grafiken auf Ischia sind Werke des namhaften Malers Mario Mazzella (*Studio d'Arte, Piazza Mazzella, Ischia Ponte*).

Die Öffnungszeiten der Geschäfte sind zumeist: 1. Mai–30. Sept. Mo bis Sa 9–13 und 17–22, sonst 9–13 und 16–20 Uhr.

Lohnenswert ist ein Besuch bei den Terrakotta-Fabrikanten Mennella

»Engelslauf« und Musica

Feste zu Ehren der Inselheiligen und ein Sommer voller Musik

1. Januar *Neujahrstag*
6. Januar *Dreikönigstag*
Ostermontag
25. April *Tag der Befreiung vom Faschismus*
1. Mai *Tag der Arbeit*
15. August *Mariä Himmelfahrt (Ferragosto)*
1. November *Allerheiligen*
8. Dezember *Unbefleckte Empfängnis*
25. Dezember *Weihnachten*
26. Dezember *Tag des hl. Stephanus.* An diesem Tag sind die Geschäfte nachmittags geschlossen.
(Karfreitag, Fronleichnam, Christi Himmelfahrt und Pfingstmontag sind in Italien keine offiziellen Feiertage mehr.)

An Feiertagen haben in der Regel sehenswerte Gebäude und Banken geschlossen. Geschäfte und Restaurants bleiben hingegen meist offen.

In der Osterzeit werden auf Ischia auch Fischer und Boote gesegnet. Beim Fest des hl. Franziskus von Assisi endet die Prozession in Forìos Hafen

März/April

Karfreitag: ☸ Feierliche Prozession auf Ischias Nachbarinsel Procida. Eine der bedeutendsten und bestbesuchten religiösen Veranstaltungen Süditaliens. *Ostersonntag* in Forìo, Casamicciola und Lacco Ameno: zur Erinnerung an die Ankündigung der Auferstehung Christi durch einen Engel. Die Statuen des Engels, der Madonna und des Auferstandenen spielen in dieser besonderen Art von »Straßentheater« die Hauptrollen. Zum Abschluß werden Tauben freigelassen. Weitere Höhepunkte des Feiertags:
★☸‡ »Engelslauf« (*Corsa dell' Angelo*) in den Straßen, Feuerwerk und Volkstanz
1. *Sonntag nach Ostern:* ☸ In Forìo *Fest des hl. Franziskus von Assisi* in der gleichnamigen Kirche, mit Prozession

Mai

16.–18.5.: ★☸ *Fest der hl. Restituta* in Lacco Ameno. Prozession mit der Statue der Schutzheili-

gen, die auf dem Seeweg nach Casamicciola gebracht wird. Zu Ehren der Inselpatronin: ✝ Platzkonzert, Feuerwerk, Festbeleuchtung und auf dem Meer schwimmende Öllichter.
Fronleichnam: In Casamicciola (gefeiert am darauffolgenden Sonntag): ein echtes Blumenfest! Mit gepflückten Blumen vom Epomeo schmückt man die Prozessionsaltäre und gestaltet duftende Bilder für die Dauer der Feierstunden.

Juni
14.–16.6.: ☀ *Fest des hl. Vitus* in Forìo. Volksfest und Prozession mit der prachtvollen Silberstatue des Ortsheiligen, einem Meisterwerk von Sammartino.
24.6. ☀ ★ *Fest des hl. Johannes des Täufers* in Buonopane. In der Nacht zwischen dem 23. und 24. Juni leben alte Volksbräuche wieder auf: Fröhlich gefeiert wird auf der Piazza mit Darbietungen der ✝ Volkstanzgruppe 'Ndrezzata. Sehenswert! In derselben Nacht wird einem aus einer mit Wasser gefüllten Schüssel die Zukunft vorausgesagt.

Juli
26.7. ★ ☀ ✝ *Fest der hl. Anna* in Ischia Ponte. Dieses Fest ist auf ganz Ischia das bekannteste. Boote werden von den Einheimischen phantasievoll – den allegorischen Karnevalskarren ähnlich – geschmückt und ziehen zwischen Burg und den S.-Anna-Felsen vorbei. Der schönste »Meereswagen« erhält einen Preis. Höhepunkt des Abends: ✝ Feuerwerk und »Brand der

MARCO POLO TIPS FÜR VERANSTALTUNGEN

1 Engelslauf
Ganz Forìo jubelt dem goldenen Engel zu
(Seite 21)

2 Fest der hl. Restituta
Die Einwohner Ischias feiern ihre Schutzheilige
(Seite 21)

3 Fest des hl. Johannes des Täufers
Aufführung der 'Ndrezzata – des aufregenden Männertanzes
(Seite 22)

4 Festa di S. Anna
Das bekannteste, bunteste Fest der Insel mit »Brand der Aragoneserburg«
(Seite 22)

5 Italo-Schlagerabend
Schlager und Lieder in Lacco Ameno, Porto, Forìo, S. Angelo
(Seite 23)

6 Fest von S. Maria del Monte
Festtagsschmaus und Gottesdienst in den Weinbergen Forìos
(Seite 23)

7 Barano si fa musica
Klassische Musik mit internationalen Solisten
(Seite 23)

8 Philharmonische Woche
Gastsolisten im Garten des Komponisten Walton in Forìo
(Seite 23)

Aragoneserburg« mit bengalischem Feuer, während auf den Wellen Tausende von schaukelnden Flämmchen flackern. Ein farbenprächtiges Erlebnis!

August
1. Augustwoche: ☀️♱ *Saucicciata* (Wurst- und Weinfest) in Serrara Fontana

September
1. Septembersonntag: ☀️ *Fest des hl. Johann Joseph vom Kreuz* in Ischia Ponte. Feier des Ortsheiligen mit Bootsprozession von Ponte bis zum Hafen von Porto
8.9.: ☀️ *Fest der Geburt Mariä* in Schiappone. Kirchenfest in der Wallfahrtskirche *Madonna di Montevergine*
8.–12.9.: ★☀️♱ *Fest von Santa Maria del Monte* oberhalb Forìos. Zur Feier des Tages wird das gleichnamige Kirchlein inmitten der Weinberge geöffnet. Prozession mit Teilnahme des Bischofs, anschließend ♱ Festessen beim Bauern

Balkonschmuck an Festtagen

no *(Tel. 08198 61 52)*. Ähnliche Veranstaltungen: am Hafen von S. Angelo. Neapolitanische Lieder werden im Pinienpark von Ischia Porto und in der Taverna Pulcinella vorgetragen *(Forìo, Tel. 08199 84 23)*.

Mitte August–Mitte September
★ *Barano si fa musica:* Konzertreihe klassischer Musik mit Solisten von internationalem Rang in Barano. *Auditorium der Mittelschule, Via Vittorio Emanuele (Agentur Il Quadrante, Tel. 08199 39 10)*

Eine Woche im September
In Forìo ★〰️ *Philharmonische Woche:* Konzerte der Stipendiaten und Gastsolisten der Walton-Stiftung *(Villa La Mortella, Tel. 08198 62 37)*

BESONDERE VERANSTALTUNGEN

Ende Juli–Ende August
★〰️♱ *La Poston!* Publikumslieblinge singen *Italo-Schlager* auf der Freilichtbühne des Negombo-Thermalparks in Lacco Ame-

---

Nicht über Vorurteile stolpern

»Wer in Neapel den Schmutz nicht übersehen kann, ist verdammt, diese Stadt nicht zu verstehen!« Die Aussage des Reiseschriftstellers Eckart Peterich ist – mutatis mutandis – gewissermaßen auch für Ischia Ponte zutreffend. Erheben wir also den Blick lieber zur Aragoneserburg, damit er ja nicht an etwaigen Müllresten in Fußhöhe haften bleibe. Mit dem Fuß stolpern ist weniger schlimm, als den Geist über Vorurteile stolpern lassen.

Einkaufs- und Urlaubsparadies

Vom romantischen Fischerhafen bis zu königlichen Suiten bieten die beiden Stadtteile Ponte und Porto fast alles

Wer mit der Fähre im Hafenbecken von Ischia Porto (**112/B3**) ankommt, kann sich im Trubel des Verkehrs auf dem Wasser und am Ufer wohl kaum vorstellen, daß dort bis 1853 noch ein seichter kleiner See *(Lago del Bagno)* lag, vom Meer durch einen Landstreifen getrennt. Man konnte damals fischen, angeln und – wenn man Pech hatte – im ungesunden, sumpfigen Gelän-

Blick auf die Aragoneserburg im Stadtteil Ischia Ponte. Schon vor 2500 Jahren stand dort eine Festung

de sogar an Malaria erkranken. *Villa dei Bagni* hieß die Gegend nach den Thermen am Ufer, damals noch bar jeder touristischen Bequemlichkeit. Ein königlicher Ischia-Fan, Ferdinand II. von Neapel, ergriff die Initiative, den Landstreifen zu durchbrechen und den vulkanisch entstandenen See in einen sicheren Meereshafen umzuwandeln. Der Aufschwung setzte für Porto aber nicht nach der Hafeneinweihung am 17. September 1854 ein, sondern erst nach der Erdbebenkatastrophe von Casamicciola im Jahr 1883.

Hotel- und Restaurantpreise

Hotels
Es wird zwischen Luxushotels und den Kategorien 1, 2 und 3 unterschieden.
Die Preise gelten für eine Person im Doppelzimmer, in der Nebensaison mit Halbpension. Da sich die Preise in den einzelnen Orten sehr voneinander unterscheiden, werden sie an entsprechender

Stelle im Text jeweils extra angegeben.

Restaurants
Kategorie 1: ab 60000 Lit
Kategorie 2: ab 50000 Lit
Kategorie 3: ab 40000 Lit
Die Preise beziehen sich jeweils auf das Essen für eine Person, einschließlich Tafelwein.

Nicht mehr die Kutscher der *carrozzelle,* die von friedlichen Eseln gezogen wurden, sondern die Fahrer der halboffenen »Microtaxis« bieten sich den gerade gelandeten Touristen marktschreierisch an. Diese unbequeme ischitanische Erfindung ist vielleicht ideal für steile und enge Gassen, ganz besonders aber eignet sie sich zur Einstimmung auf die Kurtherapie: Sie zerrüttet Zwerchfell und Bandscheiben, vergiftet mit penetrantem Benzingestank die Bronchien, und alles im Zweitaktrhythmus dieses knatternden Motordreirads.

Auf dem Hügel San Pietro, an der Hafeneinfahrt, strahlt die weiße Kuppel des Palazzo d'Ambra über der purpurroten Fassade des *Acquario.* Dieses Rot wiederholt sich am Bau der einstigen königlichen Residenz (früher Gasthof Buonocore, der allererste für noble Kurgäste), die, in der Nacht prächtig ausgeleuchtet, über dem Hafenbecken thront, gut wahrnehmbar von der Via del Porto. Am Parkeingang halten nicht nur zwei Majolika-Löwen Wache: Das gesperrte Anwesen fungiert als Militär-Thermalanstalt. An der *Via del Porto* bieten die alten, meist zweistöckigen Fischerhäuser in ihrem harmonisch einheitlichen Stil einen pittoresken Anblick. Bei Tag herrscht dort reges Treiben. Segel- und Motorboote legen ab und an; neugierige Ausflügler drängen sich an der Reling der vorbeituckernden Dampfer. In der lauen Sommernacht, unter dem Sternenhimmel, verwandelt sich die Via del Porto fast schlagartig in die »Rive Droite«, snobistisch-pariserisch von den Einheimischen so getauft, mit einer Prise Stolz und einer Prise Ironie. Von *Harry's Bar Restaurant* über die *Taverna Antonio* bis zur *Cocktail Piano Snack Bar* neben dem Yacht-Club belegen rund 20 Etablissements aller Ka-

MARCO POLO TIPS FÜR DEN ORT ISCHIA

1 **Aragoneserburg**
Stolzes Symbol der wechselhaften Inselgeschichte (Seite 28)

2 **Calise**
Café-Bar der Superlative: ein Hauch von Wiener Kaffeehaus, Pariser Café Chantant und Mailänder Nobelbar (Seiten 32, 42)

3 **Ischia Thermal Center**
Ischias modernste, größte Thermalanlage, mit allem Drum und Dran (Seite 40)

4 **Kathedrale**
Barocke Hauptkirche Ischias mit Kuppeldächern und Kunstschätzen aus der ehemaligen Burgkirche (Seite 30)

5 **Il Moresco Terme**
Nobelherberge mit Suite im Turm (Seite 38)

6 **Studio d'Arte Mario Mazzella**
Ischias bekanntester Maler präsentiert seine Gemälde selbst (Seite 37)

tegorien mit ihren bunt bedeckten Terrassentischen das Pflaster so dicht, daß man auch im Gänsemarsch kaum noch durchkommt. Für Autos ist kein Platz mehr, wohl aber sitzen entlang des Kais mindestens 1000 vergnügt schmausende und schwatzende Gäste eng beieinander. Aus den Tavernen – wo einst die Fischer ihre Netze aufbewahrten – dringen neapolitanische Klänge ins Ohr. Wer dann noch zum Schwofen aufgelegt ist, findet eine beachtliche Auswahl an Nachtlokalen auf dem *Corso Vittoria Colonna*. Dorthin ist es nur ein Katzensprung vom Hafen, wenn man der *Via Roma* folgt. Diese Straße und der kleine Bezirk dahinter bis zum Strand haben einen volkstümlichen Charakter. Es macht wirklich Spaß, dort z. B. Obst und Gemüse einzukaufen; allein schon der Anblick der bunten Auslagen ist eine erfrischende Augenweide! Auf dem Corso laden smarte Boutiquen und Cafés zum Einkaufen und Verweilen ein.

Ischia Porto hat keine lange Geschichte hinter sich, und so mangelt es dort an herausragenden Sehenswürdigkeiten. Immerhin führt die kilometerlange Einkaufsstraße an der Barockfassade der *Petruskirche* vorbei, bevor wir zur schattigen *Piazzetta S. Gerolamo* gelangen. Dieses pittoreske Plätzchen mit seinen Caféterrassen hat vor wenigen Jahren Konkurrenz bekommen: Es ist »in«, sich unter den Arkaden der ultramodernen *Piazzetta dei Pini* zu treffen. Wenn wir dem Corso weiter folgen, erreichen wir das Meer am Fischerstrand von Ischia Ponte. Vorher lohnt es sich aber, einen Spaziergang im nahegelegenen Pinienwald zu machen und sich dort unter den Schirmkiefern beim Sauerstofftanken zu erholen. Die andere Hauptachse Ischia Portos *(Via Alfredo De Luca, Piazza degli Eroi, Via A. Sogliuzzo)* führt auch nach Ponte. Autos und Motorräder veranstalten dort aber ein solches großstädtisches Chaos, daß der Fußgänger am besten einen großen Bogen um die Strecke macht.

Ischia Ponte konnte bis in unsere Tage seine bauliche Eigenart fast unverschandelt bewahren. Die Fischersiedlung am Meer, verwitterte Häuser in verwinkelten Gassen und von der Zeit angenagte herrschaftliche Palazzi in der zentralen *Via Mazzella* führen uns in das 18. Jh. zurück. »Borgo di Celso« – wie Ponte damals genannt wurde – nahm allmählich alle Leute von der sich entvölkernden Burginsel auf. Dort wohnten noch zur Blütezeit im 17. Jh. 1892 Familien, d. h. über 5000 Leute! Ihnen folgten dann freilich auch die meisten kirchlichen Institutionen samt dem Bischof. So wurde *Celso* zum Bischofssitz und erhielt die neue Kathedrale. Der einzigartige Charme Ischia Pontes ist wie der herbe Duft und die verwaschene Farbe einer dahinwelkenden Rose: ein Hauch von Dekadenz, der auf die Vergänglichkeit hinweist, aber noch mit den Spuren des einstigen Glanzes behaftet. Setzen wir uns auf die schlichten Stühle vor der *Ideal Bar* – wo schon alte Fischer, mit Gesichtszügen wie aus dunklem Holz geschnitzt, sich an ihrem Gläschen *bianco* gütlich tun –, und lassen wir das Mittagsgeläut der Glocken benachbarter Kirchen vom blauen Himmel auf uns herunterrieseln. Gehen wir dann an der Turmuhr des eleganten *Palazzo dell'Orologio* vorbei und durch den *Vico G. da Procida* zum Meer. Bei der *Via G. Boccaccio* stoßen wir auf eine Schräge: Dort werden die bunt angestrichenen Fischerboote ins Wasser geschoben. Schauen wir zu den Außentreppen, Balkons, Wölbungen der unverfälscht ischitanischen Häuser hinauf, zu den alten Frauen, die ihre Wäsche an die Leine hängen, zu den Katzen, die in den Nischen faulenzen. Der weiße Putz bröckelt von den feuchten Mauern ab. Darin gibt es kaum einen Unterschied zu den Palazzi. Der renommierte *Lanfreschi-Palast* in der Via Mazzella Nr. 120–130 ist zwar an der Straßenfront renoviert, innen aber nicht nur in mehrere Wohnungen aufgeteilt, sondern auch ziemlich verfallen. Wenn der Marchese von seiner Loggia unter dem Dach über den ungepflegten Hof hinwegschaut, sieht er allerdings in greifbarer Nähe die Weingärten am Hügel. Unter Nr. 26 ist der Palazzo des Priesterseminars (17. Jh.) in einem viel besseren Zustand. Blicken wir hinüber zum Aragoneserkastell, wenn Berg und Burg von der untergehenden Sonne vergoldet werden, so haben wir eine traumhafte Illusion vor Augen, wie nur Ischia sie herbeizaubern kann.

BESICHTIGUNGEN

Aquädukt   (U/C 6)
Wenn man den Ortskern Ischia Portos verläßt und in Richtung Barano der Via Michele Mazzella folgt, stößt man auf eine Arka-

denreihe aus Tuff- und Ziegelsteinen, auf zwei Ebenen angelegt: Im Volksmund *Pilastri* genannt und häufig irrtümlich als ein Bauwerk aus der Römerzeit bezeichnet. Es handelt sich um die noch erhaltenen Teile eines Aquädukts aus dem 17. Jh. Er führte das Wasser der *Buceto-Quelle* vom nördlichen Abhang des Epomeo nach Ponte.

Aragoneserburg
(Castello Aragonese)   (U/F 4)
★ ✹ Seitdem Hyeron, Tyrann von Syrakus, nach der Eroberung der Insel im Jahr 474 v. Chr. auf dem 112 m hohen Basaltfelsen vor der Ostküste ein Kastell erbauen ließ, wurde diese Festung zum Zentrum und Symbol der wechselhaften Geschichte Ischias. Seit 1912 sind die Überreste im Privatbesitz der Familie Mattera. Eine Besichtigung lohnt sich, wenn man zwischen den Ruinen seinen Sinn für geschichtliche Ereignisse walten läßt und einen der schönsten Ausblicke auf den Golf von Neapel genießen will. Seit 1441 verbindet ein fester Damm den Felsen mit der Insel. Er führt zum Haupteingang und zum Aufstieg. Damm und Felsdurchbruch mit Tunnel entstanden auf Geheiß des damaligen Königs von Neapel, Alfons I. von Aragonien. Die größten Zerstörungen verursachte 1809 die Kanonade der englischen Flotte während der Napoleonischen Kriege.

Zur Besichtigung kann man zwar mit einem Aufzug bequem in die Höhe fahren, doch sollte man eigentlich den etwa zehnminütigen Aufstieg zu Fuß nicht scheuen. Beeindruckend ist der 475 m lange, 10 m breite und bis zu 5 m hohe Tunnelgang, Teil einer fast unbezwingbaren Befestigungsanlage. Rechts von der sogenannten »Sarazenenpforte« liegt die »Wachstube«; links führt die Treppe zum »Exerzierplatz« *(Piazza d'Armi)*. Ein gepflasterter Weg bringt uns im Freien weiter zur Ruine der ehemaligen Kathedrale. (Diese wurde gegen Ende des 17. Jhs. neu erbaut, über der noch bestehenden Krypta mit dem Bulgaro-Familiengrab aus dem Jahr 1201.) Unweit des Liftausgangs kommt man zum alten Bischofssitz. Gegenüber liegt die für Kunstausstellungen schön renovierte Kirche der *Immacolata* (Unbefleckte Empfängnis). Sie gehörte zum angrenzenden *Klarissenkloster,* 1575 von der Äbtissin Beatrice della Quadra – einer neapolitanischen Adeligen – gegründet und 1810 von Napoleons Schwager Murat, König von Neapel, aufgelöst. Auf gruselig sonderbare Weise wurden die Nonnen beigesetzt. In zwei niedrigen Räumen sind noch zehn mit Löchern versehene Steinplatten zu besichtigen, auf die die Leichen unter einem Kreuzzeichen gesetzt wurden. Ihre sich auflösenden sterblichen Überreste fielen mit dem Fortschreiten der Zeit in die unterhalb stehenden Steingefäße. Auch die mächtige Kuppel überdauerte in ihrer Barockpracht die Zeitläufe. Rechts führt der Weg zur schlichten sechseckigen Renaissancekapelle *S. Pietro a Pantaniello* und dann weiter zu den berüchtigten Kerkerräumen, wo nach der Bourbonen-Restauration die politischen Gefangenen schmachteten. Zwischen Weingärten endet der Weg oben am *Maschio,* der mittelalterlichen Festung. (Die Renaissance-Dichterin Vittoria Colonna verbrachte dort über 25 Jahre ihres Lebens.) Welch ein erholsamer Genuß, auf der Aussichtsterrasse des Café-Restaurants 🍴 *Il Terrazzo* seine Blicke dann über Meer und Insel schweifen zu lassen! *Öffnungszeit der Burg: tgl. von 9 Uhr bis Sonnenuntergang, Eintritt: 10 000 Lit, Lift incl.*

Stadtpark   (U/D 3)

✸ Ganz in der Nähe der verkehrsüberfüllten Kreuzung *Piazza degli Eroi,* zwischen den beiden belebten Straßen, die Ischia

Von der Aragoneserburg blickt man weit über Ischia Ponte hinaus

Porto mit Ischia Ponte verbinden (*Corso Vittoria Colonna* und *Via A. Sogliuzzo*) bietet sich die ruhige Oase des ausgedehnten Stadtparks an: ein romantischer Pinienhain. Im Schatten riesiger Schirmkiefern vermischt sich das Kreischen exotischer Vögel in ihren Käfigen mit dem Lachen spielender Kinder. Kahle Felsbrocken erinnern daran, daß hier jahrhundertelang nur der erstarrte Lavafluß zu sehen war, der 1301 dem Arso-Vulkan entströmte. Der Hofbotaniker Giovanni Gussone bepflanzte zwischen 1853 und 1855 das öde Gelände. Betreten wir den Park durch den Nebeneingang an der *Via F. R. Sogliuzzo,* so entdecken wir linker Hand an einem Felsen ein deutsches Kulturdenkmal. Die Gedenktafel ist »Gewidmet dem Freunde dieser Stätte – Anton Dohrn – dem Meister der Forschung, lauter und fest im Denken und Thun – 1892«. Der Wissenschaftler, der in Neapel das berühmte Meeresforschungsinstitut gründete, war ein treuer Ischia-Besucher. Die schöne, *Acquario* genannte Villa auf dem Hügel über der Hafeneinfahrt von Porto beherbergt seit 1907 eine Zweigstelle dieser zoologischen Station: das ökologische Laboratorium des meeresbiologischen Instituts (ist für Feriengäste leider nicht zugänglich).

KIRCHEN

Kathedrale   (U/E 4)
★ In der malerischen Hauptstraße von Ponte finden wir die 1751 fertiggestellte und der Assunta gewidmete Barockkirche. Nach der Zerstörung der alten Kathedrale auf dem Burghügel wurde sie 1810 zur bischöflichen Hauptkirche der Insel erhoben. Von der im 13. Jh. entstandenen Kirche *S. Maria della Scala,* die an derselben Stelle zum 1808 säkularisierten Augustinerkloster gehört hatte, ist nichts erhalten geblieben. Eine elliptische Kuppel erhebt sich über dem dreischiffigen Gotteshaus und überragt die kleineren Kuppeln der sechs Seitenkapellen wie eine Henne, die ihre Küken um sich schart. Manche Kunstwerke aus der alten Kathedrale wurden hierher gerettet. Gleich links vom Eingang bewundern wir das Taufbecken (14. Jh.), in dem am 15. August 1654 Carlo Gaetano Calosirto getauft wurde. Ihn verehren die Ischitaner unter dem Namen *S. Giovan Giuseppe della Croce* seit 1839 als ihren Schutzpatron. Zwischen vier rebenumrankten Marmorsäulen tragen drei Heiligenfiguren das historische Becken. Gleichfalls aus der Burg-Kathedrale stammt ein bemerkenswertes schlichtes Holzkruzifix links vom Hauptaltar (neapolitanische Schule des 14. Jhs.). Der Gesichtsausdruck des Christus strahlt friedliche Ruhe aus. *Via L. Mazzella*

S. Antonio   (U/E 3)
In der Nähe des *Spiaggia dei Pescatori* (Fischerstrand), wo sich der Arso-Lavastrom ins Meer ergoß, erhebt sich über einer Freitreppe diese 1740 erbaute Kirche des Franziskanerklosters, traditionsgemäß einschiffig. Im großen Konventsaal sind mehr als 15 000 Bände der von Monsignor Onofrio Buonocore gegründeten *Biblioteca Antoniana* untergebracht: eine schier uner-

schöpfliche Quelle für Ischiaforscher. Ein Besuch der Bibliothek lohnt sich allein schon wegen des dort aufbewahrten Ölporträts der mit Lorbeerkranz gekrönten Dichterin Vittoria Colonna. Dem Maler Le Fèvre ist es meisterhaft gelungen, Geist und Sinnlichkeit im Gesichtsausdruck der edlen Dame zur Geltung zu bringen. Der tiefe Blick ihrer dunklen Augen bleibt uns noch lange in Erinnerung. *Rampa di S. Antonio in Ponte*

S. Ciro (U/C 2)

In dieser künstlerisch nicht bedeutsamen katholischen Kirche Portos finden in den Sommermonaten auch evangelische Sonntagsgottesdienste in deutscher Sprache statt *(jeweils um 9.30 Uhr). Via delle Terme*

S. Gerolamo
(Madonna della Pace) (U/D 2)

Die intime, kleine Kapelle, mit modernen Mosaiken geschmückt, steht inmitten des quirligen Gedränges an der *Piazzetta S. Gerolamo.* Ursprünglich wurde sie kurz nach dem Arso-Lavaausbruch (1301) als Einsiedelei in der verwüsteten Landschaft errichtet. Eine Gedenktafel erinnert an den 400. Jahrestag der Hochzeit von Vittoria Colonna mit Ferrante d'Avalos (1509), eine andere an die Gefallenen des Ersten Weltkriegs. *Corso Vittoria Colonna 124*

S. Maria delle Grazie (U/D 2)

In der Hauptbummelgasse Portos führt eine Treppe zu der 1781 erbauten Barockkirche hinauf, die nicht nur eine sehr lebhafte Linienführung der Architektur, sondern gleich auch drei Namen

ihr eigen nennen kann. Ursprünglich war sie den im Fegefeuer leidenden armen Seelen geweiht, dann dem hl. Petrus und zu guter Letzt der gnadenvermittelnden Jungfrau Maria. Je nach Belieben alternieren die Namen *Chiesa del Purgatorio* und *S. Pietro* mit jenem der heutigen Kirchengemeinde und werden die Gebete – sei es in den vier Seitenkapellen oder vor dem Hauptaltar in der Apsis – an die bevorzugten Fürsprecher gerichtet. Der Grundriß ist oval, elliptisch die majolikabedeckte Kuppel, nach außen gewölbt die mit Lisenen, Giebelfeld und Fenstern aufgelockerte Fassade. Die linke Seitenfront trägt die zinnengekrönte Turmuhr. *Corso Vittoria Colonna 223*

S. Maria di Porto Salvo (U/B 2)

Nicht zu übersehen ist am Hafenbecken die in hellem Gelb leuchtende neoklassische Fassade mit den vier ionischen Säulen des Portikus. Zwischen 1854 und 1856 wurde diese geräumige Kirche zu Ehren der Schutzpatronin der Seefahrer erbaut. Vor ihr steht die 1903 errichtete große Statue des Erlösers; als »König des Meeres« scheint er die Schiffe im Hafen zu segnen. *Piazza del Redentore*

Spirito Santo (U/E 4)

Wenn die umfangreichen Restaurierungsarbeiten abgeschlossen sind, wird diese zwischen 1636 und 1676 von den Seeleuten und Fischern erbaute und dem Heiligen Geist geweihte Kirche ihre Barockpracht wieder den Besuchern darbieten können. Die kleine Kirche der Bruderschaft von *S. Maria di Co-*

Die noch recht volkstümliche Via Roma in Ischia Porto

stantinopoli daneben ist bereits wieder eröffnet (die Außenwand verzierte A. Mascolo mit bunten Keramikszenen). *Via L. Mazzella*

BARS/CAFÉS/EISDIELEN

Calise (U/D 3)

★ ☺ ♀ Die Einheimischen treffen sich sonntags um zwölf Uhr zum Aperitif, an anderen Tagen zum warmen Quick-Lunch oder zur Tea-Time im Tortentempel der eigenen Konditorei (gute Tips: *Torta Napoleone*, d. h. Blätterteig mit frischem Obst, Beignet und Schlagsahne oder süße Spezialitäten des Nahen Ostens). Orientalisch angehaucht ist der terrassenförmig angelegte Tropengarten, eingebettet in einen großen Pinienhain (hier ist Platz für gut 2000 Gäste!). Ein thailändischer Buddha schaut gleichmütig auf den plätschernden Wasserstrahl hinunter. Bei sanften Pianobar-Klängen erlebt man Tausendundeine-Nacht-Stimmung in Ischia. Exotik und gewagter Jugendstil, Marmorpalast und Lokalkolorit – wie in einem Kaleidoskop gemixt: Meisterleistung des namhaften Architekten Sandro Petti. Wiener Kaffeehaus, Pariser Café Chantant und Mailänder Nobelbar: All dies ist Calise in einem. *Tgl. geöffnet, im Hochsommer rund um die Uhr. Nachts ist Hochbetrieb in der Kaffeebar: frisch gebackene Hörnchen erwarten dort die diskomüden Nachteulen zum Cappuccino; Via A. Sogliuzzo 69 (hauseigener Parkplatz)*

Da Ciccio (U/C 2)

☺ ♀ Vorteilhafte Kombination von Imbißstube, Konditorei und Eisdiele für preisbewußte Gäste. Schmackhafte Pasta- und Gemüsegerichte in gepflegter Umgebung mit Sitzgelegenheit. Gutes Eissortiment (auch zum Mitnehmen), nette Bedienung. *Am Hafenende der Via Roma, gegenüber den Militärthermen*

La Dolce Sosta (U/D 2)

»Die süße Rast« lädt nach dem Shopping zu einer geruhsamen

Verschnaufpause ein. Zartgrün getönte, elegant gestylte Einrichtung im modernen Saal. Unser Tip: *brioche con gelato* (freie Wahl unter 18 Eissorten zur Füllung der frischen Hörnchen). *Ecke Via Vittoria Colonna/Via R. Gianturco*

Gran Caffè Vittoria (U/D 2)

✪ ⚥ Lebhafter In-Treff der einheimischen Jugend; besonders gegen 22 Uhr belagert (vor allem am Samstagabend). An den Tischen auf der Piazzetta wird geflirtet, geschwätzt und dabei entschieden, welche Disko es diese Nacht sein soll. In der Hochsaison mischen die Feriengäste begeistert mit. *Piazzetta S. Gerolamo*

Gran Riviera (U/C 2)

🍴 Gut frequentiertes, modernes Lokal mit Aussichtsterrasse. Neben dem Informationsbüro am Hafen. Beste Qualität von Eis und Kaffee auf italienisch. Hier kann man auch lunchen, während man auf seine Fähre wartet. *Via Iasolino 19 (Terminal Aliscafi)*

Milk & Co. (U/D 2)

Die besten frisch gepreßten Fruchtsäfte auf der ganzen Insel. *Corso V. Colonna 144*

Il Terrazzo (U/F 4)

🍴 Ein Traum von Ausblick rundherum auf Ischias Ostküste (Punta della Pisciazza), Capri, die Halbinsel von Sorrent, den Vesuv, die Insel Procida und die ihr vorgelagerte Naturparkinsel Vivara. Auf der Terrasse werden Erfrischungen und gutes Eis nur von distinguierten Kellnern gereicht (keine Massenabfertigung im Stehen – entsprechend die Preise). Nach der Burgbesich-

tigung kann man im rustikalen Saal an den mit sehr hübschen Majolika-Fliesen ausgelegten Tischen auch zu Mittag essen. Das empfehlenswerte Hausgericht: *fettuccine alla genovese* (Nudeln in Sellerie-Zwiebel-Petersilien-Soße). *Wenige Plätze, nach Sonnenuntergang geschl., Aragoneserburg*

RESTAURANTS

Ciccio & Domingo (U/E 4)

Schlichtes Fischlokal, mit Küche im Raum und kleiner Terrasse in pittoreskem Milieu. Köchin Caterina präsentiert stolz die frisch gefangenen Fische. Ihr Bruder Ciro serviert nicht nur Gaumenkitzel ab Herd, sondern bietet auch seine gemalten Stilleben feil. *Tgl. geöffnet, Via L. Mazzella 84, Ischia-Ponte, Tel. 0 81 99 13 14, Kategorie 3*

Da Cocò (U/E 4)

✪ Ein eher unscheinbares Lokal am Damm zur Aragoneserburg (zum Greifen nahe). Der Insidertreff für Freunde der bodenständigen Hausmannskost. Hier geht's echt um die Gaumenfreude, weniger um das Drum und Dran. *Mi geschl., Piazzale Aragonese, Tel. 0 81 98 18 23, Kategorie 2*

Da Damiano (U/B 3)

🍴 Ein chaletähnliches Verandarestaurant mit exklusivem Touch. Herrlicher Panoramablick auf den Golf von Neapel. Prachtrosen aus dem Garten auf jedem Tisch. Frische Hummer aus dem Bassin. Signor Damiano ist auf Schaltiere und Fischgerichte spezialisiert. Probieren Sie den dazu passenden Wein *Duca Enrico (di Salaparuta)*. Nur zehn Tische (für die Sonnenuntergangsstimmung sollten Sie sich rechtzeitig einen Fensterplatz reservieren lassen). Keine Kreditkarten. *Tgl. geöffnet (Okt.–Dez. nur Sa–So), Superstrada 270, Tel. 0 81 98 30 32, Kategorie 1*

Gennaro (U/C 1)

Das renommierteste und älteste Restaurant der »Rive Droite« am Hafenbecken, mit Tischreihen fast bis zum Heck der ankernden Yachten. Signor Gennaro hält es gar nicht nötig, für sein Lokal mit Handzetteln die Werbetrommel zu rühren. Die italienische Schikkeria läßt sich von ihm willig um den Finger wickeln und folgt seinem zielstrebig vorgetragenen gastronomischen Rat. Besonders stolz ist er auf *Risotto alla pescatora* (Meeresfrüchte-Risotto). *Di geschl. (Juli–Aug. nur abends geöffnet), Via Porto 32, Tel. 0 81 99 29 17, Kategorie 1*

Giardino degli Aranci (da Andrea) (U/D 2)

An langen Holztischen sitzt man gesellig in der Taverna; knallrot getüncht sind die Mauern des Innenhofs, auch die roten Tische passen zu den teils sogar echten, teils durch kleine Lampions ersetzten Orangen über unseren Köpfen. Zur feuchtfröhlichen Stimmung tragen die neapolitanischen Lieder und die Operettenschnulzen des Gitarrenduos bei. Schunkelnd singen die Gäste mit. Romantik des Südens, wie man sie sich im Norden ausmalt. *Tgl. geöffnet, Via Enea 4, Tel. 0 81 99 11 50, Kategorie 2*

Da Giorgio – Pantera Rosa (U/C 1)

Pizzeria-Grill am Hafenbecken (»Rive Droite«) der niedrigeren Preisklasse. Die Spezialitäten des Hauses: Hummer frisch aus dem Bassin und die *cazzuola ischitana* (Suppe aus zarten Meeresfrüchten). *Mo geschl., Via Porto 52, Tel. 0 81 99 24 83, Kategorie 3*

'O Purticciullo (U/C 1)

Alles auf Matrosenlook getrimmt. Ob hier vielleicht auch Seemannsgarn gesponnen wird? Muscheln, mit oder ohne Pasta, sind hier die kulinarischen Renner. *Mo geschl., Via Porto 42, Tel. 0 81 99 32 22, Kategorie 3*

Il Torchio (U/D 6)

Mitten in den Weinbergen bei Campagnano liegt das gut besuchte Verandarestaurant. Herrlicher Weitblick auf den Golf von Neapel und den Vesuv. Typisches Inselgericht: *coniglio alla moda della nonna* (Kaninchen nach Großmutterart). Weißer Tischwein aus eigener Produktion. (Seit 1991 auch Hotelbetrieb mit 13 gepflegten Doppelzimmern. DZ ab 100 000 Lit mit Frühstück.) *Tgl. geöffnet, Via Campagnano 98 (Ischia-Campagnano), Tel. 0 81 90 19 86, Kategorie 2*

EINKAUFEN

Ammendola (U/D 2)

Antike Möbel, wie sie dem süditalienischen, hauptsächlich neapolitanischen Geschmack, d. h. dem Hang nach prunkvoller, an Intarsien und Schnitzereien reicher Ausführung, entsprechen. *Corso V. Colonna 176*

Art Design (U/D 2)

Fein gestreifte Blusen mit phantasievollen, koketten Stickereien in Zartgrün, Rosa und Hellblau. *Via E. Cortese*

Babilonia (U/E 4)
Der letzte Schrei sind aparte Einsteckkämme und Haarreifen, mit Korallen oder Perlen geschmückt. *Piazzale Aragonese*

Baby (U/E 4)
Hier gibt es lustige Pinocchi, Clowns und Harlekins als Hampelmänner. Sie sind nicht nur für die Kleinen geeignet, sondern auch als fröhliche Zimmerdekoration. *Via L. Mazzella 121 und 122*

Bijoux Cascio (U/C 2)
1992 eröffnet. Bietet Italiens smartesten Modeschmuck in Top-Qualität zu günstigen Preisen an. Wer in dieses Reich des kultivierten Geschmacks eintritt, wird der Versuchung zu kaufen kaum widerstehen können. Garantie für Haltbarkeit und Schutz vor Allergie. *Via Roma 123*

Blue Drake Marine (U/C 2)
Ob Jacken, Hosen oder Pullis: Hier dominieren Blautöne im klassisch-sportlichen Marine-Look. Herren- und Damenmode. *Via Porto 94*

Boccia (U/E 4)
❂ Für Insider: die Bäckerei schlechthin auf der Insel. Der kleine Brotladen des Signor Boccia hat sich zwar zu einem Tante-Emma-Laden entwickelt, aber im uralten Holzkohleofen wird das tägliche Brot wie anno dazumal in bester Qualität gebacken. *Geöffnet ab 7 Uhr morgens, Vico Giovanni da Procida 45*

Boutique Teresa (U/D 2)
Große Auswahl smarter Kleider (auch für Mollige) von bekannten italienischen Modeschöpfern wie etwa Ferré, Krizia, Fendi und Pancaldi. *Via F. d' Avalos 24*

Brovelli (U/D 2)
Bietet in zwei gut sortierten Läden Lederwaren, Schuhe und Bijouterie bester Qualität an. *Corso V. Colonna 195 (Schuhe und Lederbekleidung); Corso V. Colonna 244 (Taschen und Bijouterie)*

Bruna Régine (U/D 2)
Der chronometrische Modeschlager – Schweizer Präzisionstechnik mit italienischer Designphantasie vereint: Damen-Armbanduhren von Laura Biagiotti entworfen. Getrocknete und präparierte Blütenblätter bedecken das farbenprächtige Ziffernblatt. Nicht einmal zu teuer. *Corso V. Colonna 177*

La Caprese Più (U/D 2)
Größtes Modegeschäft der Insel: Kleider und Ambiente im Italy-Stil. *Corso V. Colonna 135*

La Cava (U/C 2)
Preiswerter Modeschmuck. Es werden vor allem Ohrringe, Ketten und Armbänder in allen Größen angefertigt. *Via Roma 7*

Dominique (U/D 2)
Fesche Badeanzüge (etwa von La Perla) gibt es ebenso wie aparte Abendkleider (etwa von Aspesi oder Fusco). *Corso V. Colonna 184*

Ernesto (U/D 2)
Große Auswahl an Jeans und T-Shirts für die 20jährigen. Hier bekommt man immer etwas Rabatt. *Corso V. Colonna 202*

Esle Gioielli (U/D 2)
Besonders schöner Korallenschmuck. *Corso V. Colonna 165*

Futurnautica (U/C 1)
Alles für den Segel- und Angelsport: vom Außenbordmotor bis zum Schlauchboot, vom Köder bis zur Windjacke. *Via Porto 86*

Ischia Sapori (U/D 2)
Dieser Laden ist eine Fundgrube für Feinschmecker-Mitbringsel aus eigener Produktion: es gibt fünf Likörsorten (aus Zitronen, Orangen, Mandarinen, Erdbeeren, Kräutern); vier Honigsorten (Zitrus-, Akazien-, Kastanien- und Wiesenblumenhonig); Marmeladen aus allerlei frischen Früchten, je nach Saison, sogar aus Feigen, Weintrauben und Tomaten (Zitronenmarmelade gibt es das ganze Jahr lang); unzählige Gewürzarten in hübschen Töpfchen. Die Leckerei-Spezialität: ischitanische Mandeltorte. Man kann sich alles in recht dekorative Geschenkkörbe verpacken lassen. Für die anspruchsvolle Hausfrau gibt es auch geschmackvolle Schürzen, Topflappen und Pantoffeln: geschmückt mit dem Obstmotiv des Hauses. *Via R. Gianturco 2*

Judith Maior (U/D 2)
Super-Luxusschuhe und passende Handtaschen, u. a. von Beppe Sacco signiert. Muster in farbenreichen Varianten von Patchwork, Schottenkaros und Harlekin-Rhomben. Feine Lederwaren bis zu aparten Westen und Hausjacken für die High-Snobiety. *Corso V. Colonna 174*

Kisso's (U/D 2)
Neben Baumwollblusen mit fröhlichen Blumenmotiven fehlen auch die schicken einfarbigen Tailleurs nicht (aus Kaschmir und Wolle in kühnen Tö-

nen). *Via Gigante 22 und im Hotel Continental, Via M. Mazzella*

Le Mie Erbe (U/D 2)
Aus etwa 150 unterschiedlichen Kräutern zaubert Dottoressa Buono hier individuelle Teemischungen. *Corso V. Colonna 280*

Missoni (U/D 2)
Der Name spricht für sich, wenn man an Strickwaren feiner Qualität mit dezenter geometrischer Musterung interessiert ist. *Corso V. Colonna 95*

Mughetto Uomo (U/D 2)
Hiere gibt es exklusive Herrenmode für den anspruchsvollen, auf Markennamen eingeschworenen Kunden. *Piazzetta dei Pini 47*

Profumeria Scotti (U/D 2)
Für Damen, die auch zu Hause ihre Gesichtspflege mit Fangopackungen fortsetzen wollen: Hier wird echter Fango auf Thermalwasserbasis verkauft, Marke *Terme dell'Isola d'Ischia.* 500 ml kosten derzeit 25 000 Lit! *Corso V. Colonna 179*

Ricamificio Toscano (U/D 2)
Nachthemden und Babydolls – am Hals handgerafft – aus Seide oder feiner Baumwolle. *Corso V. Colonna 245*

Riccio (U/D 2)
In dieser winzigen Bücherstube sind außer Zeitschriften, Krimis und »Strandliteratur« auch anspruchsvollere Werke in der Originalsprache zu finden. *Corso V. Colonna 110*

Rustica Domus (U/D 2)
Möbel, rustikal im wahrsten Sinn. Hier finden Sie ein viel-

seitiges Angebot, auch an großen, bunten Majolika-Vasen.
Corso V. Colonna 187

Scaglione (U/C 2)

Klassische Männermode, besonders die fein gearbeiteten Wild-
lederjacken ab 720 Mark. *Via
A. de Luca 125*

Stampe Antiche (U/E 4)

Alte Stiche, vor allem von Ischia.
Via L. Mazzella 85

Studio d'Arte Mario Mazzella (U/E 4)

★ Eigene Galerie dieses namhaften ischitanischen Künstlers von
internationalem Format. Seine
lapidaren, lichten Gemälde und
Grafiken geben das stille Inselleben von einst wieder. Um die
Mittagszeit kommt der Maestro
meist selber auf einen Sprung
vorbei, sonst führt sein Sohn die
Galerie. *Piazza L. Mazzella 94*

La Vetrina (U/D 2)

In ihrer eleganten Boutique ist
Sigrid Rautenberg in Ischia die
Alleinvertreterin der geschätzten
Capreser Modemarken Livio De
Simone und Adrian's Original.
Ihr Motto: Qualität und Klasse.
Das i-Tüpfelchen: Gürtel aus
Pailletten und Straß. *Corso V. Co-
lonna 260*

Vettori (U/D 2)

Seidene Dessous in traditionel-
ler florentinischer Handarbeit,
Tisch- und Bettwäsche mit fein
gestickter Bordüre. *Corso V. Colonna 198*

Vincenzo (U/D 2)

In der winzigen Schneiderwerk-
statt fertigt Signor Vincenzo seit
40 Jahren Maßanzüge an. Die
Stoffe sind exquisit, und die Lie-
ferzeit liegt bei einer Woche.
Preis für eine Hose: ab 100 000
Lit. *Via Gigante 11*

Mario Mazzellas Gemälde spiegeln Inselleben und Natur wider

Zlata (U/D 2)

Frau Zlata aus Belgrad hat sich mit Herz und Seele der Positano-Mode verschrieben. Bei ihr kann man auch nach Maß schneidern lassen. *Corso V. Colonna 207*

HOTELS

Kategorie 1
(ab 200 000 Lit)

Continental Terme (U/C 4)

Verstreut inmitten einer über 30 000 qm großen, abwechslungsreichen Parkanlage mit Zypressen und Bougainvilleen leuchten hell die im typischen Ischitaner Stil gebauten Dependancen. Im Garten: zwei Swimmingpools, zwei Thermalhallenbäder (eines wie ein tropisches Gewächshaus eingerichtet), Tennisplatz, Bocciabahnen und Barbecue. Versuchen Sie beim Reservieren ein Zimmer vom Typ A zu erhalten (geräumiger bei gleichem Preis), und vermeiden Sie tunlichst die Kongreßperioden, um den Aufenthalt in ruhiger Atmosphäre zu genießen. Achten Sie auf den Unterschied zwischen den zwei Kurabteilungen: jene für physikalische Therapie ist bei weitem die effektivere. *257 Zi., Via M. Mazzella 60–74, Ischia Porto, Tel. 0 81 99 15 88, Fax 0 81 98 29 29*

Excelsior (U/D 2)

Eines der Nobelhotels in Ischia Porto. Entsprechend gesalzen sind die Preise. Allerdings gehen hier alte Tradition und freundliche Bedienung leider nicht immer Hand in Hand. Ruhige Lage im eigenen Pinienhain mit direktem Zugang zu einem Privatstrand. Alle Zimmer mit Balkon.

Freibad mit geheiztem Meerwasser und Hallenthermalbad, Solarium, Squash. Komplette Thermalanlage mit allem, was dazugehört. Zwei Restaurants und Bars (je eins im Freien), eine Pianobar, ein Kartenspielraum und ein Parkplatz gehören zum Haus. Behindertengerecht. *68 Zi., Via E. Gianturco 3, Ischia Porto, Tel. 0 81 99 15 22, Fax 0 81 98 41 00*

Jolly Grande
Albergo Terme (U/C 2)

Hochmodernes Haus mitten im Ortskern von Porto und dennoch ganz versteckt in einer ruhigen Gartenanlage. Darin ein Schwimmbecken im Olympiamaß und ein Thermalhallenbad. Drei Tennisplätze mit Blick auf die Aragoneserburg. Besonders schöne Zimmer für Flitterwochen (ab Nr. 620–637: Tapeten mit zarten Schäfchenwolken, Stilmöbel (Preisaufschlag). Behindertengerecht. *184 Zi., Via A. De Luca 70, Ischia Porto, Tel. 0 81 99 17 44, Fax 0 81 99 31 56*

Il Moresco Terme (U/D 2)

★ ✿ Intim wirkendes Nobelhotel im spanisch-maurischen Stil. Toll: die Royal Suite (Nr. 501) im Turm mit Wendeltreppe, zwei Badezimmern und zwei Terrassen (Rundblick auf Meer, Burg, Pinienhain). Zu den üblichen Kuranlagen gehört auch das 34 °C warme Thermalbad in einer Naturgrotte. *89 Zi., Via E. Gianturco 16, Ischia Porto, Tel. 0 81 98 13 55, Fax 0 81 99 23 38*

Punta Molino Terme (U/D 2)

✿ Ein Grandhotel im wahrsten Sinn des Wortes: stilvolleleganter und dezent-luxuriöser kann man es sich kaum vorstellen. Antike Stilmöbel und Gobelins bei modernstem Komfort. Und dann noch die ruhige Lage im Pinienhain dicht am Meer (Privat-Sandstrand), mit Blick auf den Golf von Neapel in der Ferne und auf die nahe Aragoneserburg. Zwei Swimmingpools und ein neues Hallenthermalbad. Zwei Restaurants (Saal und Meeresterrasse). Behindertengerecht. *75 Zi., Lungomare C. Colombo, Ischia Porto, Tel. 0 81 99 15 44, Fax 0 81 99 15 62*

Kategorie 2
(ab 110 000 Lit)

Alexander Terme   (U/C 2)

Modernes, funktionales Hotel direkt am Meer mit großem Thermal-Swimmingpool. Das Haus liegt nur wenige Schritte von der eleganten Einkaufsmeile V. Colonna entfernt. Von 91 Zimmern haben 22 Blick aufs Meer. *Lungomare V. Telese 3, Tel. 0 81 99 35 97, Fax 0 81 98 41 07*

Continental Mare
Hotel & Residence   (U/A 1)

Diese »Zweigstelle« des Hotels Continental Terme hat sich nach Renovierung unter neuer Leitung zu einem Geheimtip für Individualisten und auch für Familien mit Kindern gemausert. In eine steil ins Meer abfallende baumreiche Felswand sind terrassenförmig die Dependancen eingebaut. 20 Apartments (für zwei bis vier Personen) mit Kochnische und 35 Zimmer: Einige liegen völlig abgeschieden, andere sind mit großer Terrasse ausgestattet. Privatkiesstrand unten am Meer. Ein Pendelbus bringt Sie in die Anlagen von Continental Terme. *56 Zi.,*

Via B. Cossa 25, Ischia Porto, Tel. 0 81 98 25 77, Fax 0 81 99 25 05

Floridiana Terme   (U/D 2)

Das älteste Hotel auf der Insel (etwa 100 Jahre). Es liegt mitten im Ortskern, ist aber ruhig und gemütlich verwinkelt. Palmen am Eingang, Schirmkiefern am Pool. Die Zimmer im zweiten Stock haben sogar Meerblick. Behindertengerecht. *56 Zi., Corso V. Colonna 165, Ischia Porto, Tel. 0 81 99 10 14, Fax 0 81 98 10 14*

Giardino delle Ninfe   (U/E 5)

Herberge mit eher schlichten Zimmern, dafür aber in ruhiger Lage mit herrlichem Blick von der Solariumterrasse auf Meer und Aragoneserburg. Thermalswimmingpool. Stufen führen zum *Cartaromana*-Strand hinunter. *31 Zi., Via Nuova Cartaromana 95, Ischia Ponte, Tel. 0 81 99 21 61, Fax 0 81 99 21 68*

President Terme   (U/C 2)

In diesem Hotel sind die neuen, ruhigen Zimmer (Nr. 501–516 und 607–615) zum Swimmingpool hin empfehlenswert. Unbedingt zu beachten ist das Thermalwasser der Anlage, die von der berühmten Montagnone-Quelle gespeist wird (56 °C, salz-, schwefel- und alkalihaltig). Pendelbus-Service zum Ortskern. Behindertengerecht. *72 Zi., Via Osservatorio, Ischia Porto, Tel. 0 81 99 38 90, Fax 0 81 99 37 25*

La Villarosa Terme   (U/D2)

Ein Villenhotel mit Understatement. In dieser teils mit antiken Möbeln und Kunstschätzen eingerichteten Herberge kann man sich wohl fühlen. Im kleinen botanischen Garten wachsen auch tropische Pflanzen um die rustikalen Chalets mit den Einzelsuiten. Pool und Thermalanlage. Idyllische Dachgartenterrasse. Günstige Lage. *36 Zi., Via G. Gigante 5, Ischia Porto, Tel. 0 81 99 13 16, Fax 0 81 99 24 25*

Kategorie 3
(ab 60 000 Lit)

Pensione Il Monastero (U/F 4)

Aus den 21 Zellen des ehemaligen Klarissenklosters auf der Aragoneserburg entstand 1967 diese bescheiden modernisierte Pension in 80 m Höhe über dem Meer. Wer bis Mitternacht nicht heimgekehrt ist, muß auf den Lift verzichten. Man wohnt zwar etwas spartanisch, genießt aber bei niedrigen Preisen das historische Ambiente und den einmaligen Ausblick auf Insel und Golf. Interessante Kunstausstellungen gibt es fast vor der Zimmertür. *Castello Aragonese 3, Ischia Ponte, Tel. 0 81 99 24 35*

Villa Antonio (U/E 4)

Steile Treppen führen vom Meer durch den romantischen Garten zur rosa Villa hinauf. Die Terrasse schmücken anmutige Skulpturen des Giovanni De Angelis aus der Künstlerfamilie der Eigentümer. Ein Hotel ohne große Ansprüche, aber mit Boheme-Flair, in das man sich direkt verlieben kann. *14 Zi., Via San G. G. della Croce 1, Ischia Ponte, Tel. 0 81 98 26 60, Fax 0 81 98 41 71*

FERIENWOHNUNGEN

Mizar, Via Jasolino 29, Tel. 98 18 97, Fax 0 81 98 31 11; CEFIM, Via G. B. Vico 11, Tel. 0 81 98 13 59, Fax 0 81 98 15 70; Pithecusa Travel, Via A. de Luca 83, Tel. 0 81 99 34 71, Fax 0 81 98 43 58; Emozioni Viaggi, Via Roma 51, Tel. 0 81 99 10 12, Fax 0 81 99 14 47; Macatur, Corso V. Colonna 138, Tel. 0 81 99 37 90, Fax 0 81 98 32 12

THERMALBÄDER

Etwa 25 Hotels in Ischia Porto und Ponte haben ihre eigene Thermalabteilung. Die Kur- und Behandlungspreise richten sich nach der Hotelkategorie.

★ *Ischia Thermal Center – Health & Beauty* (U/D 2): Allround-Anlage mit modernen Einrichtungen im zentralen Ortsteil *Villa Bagni.* Breit aufgefächertes Angebot an Kuranwendungen auf vielen Gebieten der Rheumatologie, Traumatologie und Sportmedizin, Hals-Nasen-Ohren-Heilkunde, Gynäkologie, Dermatologie und Kosmetik. Preislage oberhalb der mittleren Hotelthermen-Kategorie. Vom 1. November bis zum 31. März gibt es 50 Prozent Ermäßigung für Thermalkuren, 20 Prozent für Massagen und Schönheitspflege. Recht günstige Abonnements. Kostenloser Zubringerdienst sowie Gratisbenutzung von Schwimmbad und Sauna für Gäste der angeschlossenen Hotels. Eigener Busdienst sogar aus Forìo, ab 5 Uhr morgens! *Ganzjährig an Wochentagen geöffnet von 6 bis 13 Uhr, Via delle Terme 15, Tel. 0 81 98 43 76*

SPIEL UND SPORT

Ischia ist eine Badeinsel par excellence – wenn man nur an die Thermalbäder denkt! Die meisten Hotels haben eigene Thermalanlagen. Es gibt aber auch schöne Sandstrände, nur liegen die berühmtesten außerhalb des Gebiets von Ischia Porto und Ischia Ponte. Freilich unterscheiden sich die zu einzelnen Hotels gehörenden und für deren Gäste reservierten Privatstrände beträchtlich von den allgemein zugänglichen Badeanstalten. Zumeist gelten folgende Tarife: *Eintritt mit Benutzung des Umkleideraums 2000–4000 Lit, Liegestuhl um 6000 Lit, Sonnenschirm um 4000 Lit, Liege ab 10 000 Lit*

Badestrände

Cartaromana (**U/E5**): Der Sandstrandstreifen liegt unterhalb einer steilen, im Süden von einer wildromantischen Schlucht begrenzten Felswand. Am leichtesten zu erreichen über die Via Nuova Cartaromana. Vom Ortsteil S. Michele kann man auch eine Treppe aus schwarzem Lavastein erreichen, die zu jener Stelle hinunterführt, wo 40 °C warme Quellen im seichten Meerwasser sprudeln.

Vermutlich badeten schon die römischen Legionäre des Castrum Romanum in den ufernah mit Steinen eingefriedeten »Planschbecken«, um ihre müden Glieder zu entspannen. Etwas nördlich vom 300 m langen Sandstrand sind dem Ufer die *Scogli di S. Anna* vorgelagert (etwa ein Dutzend Felsklippen, benannt nach der oberhalb stehenden Kapelle der *hl. Anna* am alten Friedhof). Die beiden größten Brocken heißen *A Seggia* und *Munsignore*. Ein Steg führt zu einem flachen Felsen aus dem Thermalpark *Giardino Eden,* dessen Gäste sich dort, vom Meer umgeben, in der Sonne aalen.

Spiaggia dei Pescatori (**U/E3**): Nördlich vom Kastell ist am Ostufer der »Strand der Fischer« etwa zweimal so groß wie der von Cartaromana. Teils frei zugänglich, teils mit kleinen Badeanstalten. Man ist hier in der Nähe der malerischen Fischerhäuser von Ponte, doch zur Hochsaison ist dieser Strand – was Hygiene und Ruhe anbelangt – nicht besonders empfehlenswert.

Spiaggia Lido – Spiaggia di S. Pietro: Zwischen *Punta Molina* und *Punta S. Pietro* (**U/C1–D2**), also östlich vom Hafen, am Nordufer, erstreckt sich der größte zusammenhängende Sandstrand von Ischia Porto. Auch hier alternieren Badeanstalten mit frei zugänglichen Abschnitten und kleinen Gaststätten, wie z. B. *Isola Verde* oder *Dei Fiori.* Von Nachteil ist die Hafennähe, doch ist das Wasser glücklicherweise nicht verschmutzt. Von Vorteil ist der direkte Zugang aus Portos Ortskern. Freilich sind diese populären Strände in der Hochsaison meistens überfüllt. Für Leute, die Qualität und Entspannung suchen, nicht unbedingt ideal. In der Vor- und Nachsaison aber, wenn man mit den Fischern, Booten, Netzen und Hunden quasi unter sich bleibt, kommt eine geradezu poetische Stimmung auf. Man hört dem Meeresrauschen zu und träumt einfach vor sich hin. Nach Stürmen kann man hier massenweise Seesterne, Sepiaschalen und diverse Muscheln einsammeln.

Spiaggia degli Inglesi (**U/A1**): Der »Strand der Engländer« trägt nicht umsonst seinen Namen. Sogar Winston Churchill hat seine Schönheit gerühmt. Auf der Fahrt nach Casamicciola, westlich vom Hafen, richte man sich nach dem Schild, das den Weg zum steilen Abhang anzeigt. Unterhalb der Felswand liegt ein kleiner, ruhiger Strand mit Badeanstalt und Trattoria.

Boccia

Bocciabahnen gibt es an der Seepromenade *Lungomare C. Colombo*, zwischen Ischia Porto und Ischia Ponte wie auch im Ortsteil Campagnano.

Ischia svelata

Diese Initiative zur Entdeckung Ischias hat zum Ziel, bei Spaziergängen unter fachgerechter Führung die Kirchen, Denkmäler und historischen Bauten auf der Insel den Besuchern näherzubringen. *Auskunft beim Sekretariat: c/o Associazione Albergatori, Via Fasolara 49, Ischia, Tel. 081 99 34 66 oder 081 98 50 33*

Segeln

Nur das östliche und das westliche Ufer des Hafenbeckens bieten, in beschränkter Zahl, Liegeplätze an – von Mitte Juni bis Mitte September gegen Gebühr. Yacht-Clubs: *Circolo nautico, Via Porto, Ischia Porto, Tel. 081 5 26 11 67; Centro nautico Isola d'Ischia, Lungomare Aragonese 26, Ischia Ponte, Tel. 081 98 29 15*

Tennis

Außer den Hotel-Tennisplätzen gibt es: *Tennis Club Villaggio del Pescatore, Corso V. Colonna, Tel. 081 98 22 89; Tennis Club Ischia* (mit Swimmingpool), *Via Nuova Cartaromana, Tel. 081 99 36 22; Tennis Pineta, Corso V. Colonna, Tel. 081 99 33 00; Tennis Residence, Via dello Stadio, Tel. 081 98 12 46; Tennis Comunale Lido* (gehört der Gemeinde), *Lungomare C. Colombo, Tel. 081 99 10 13*

Windsurfen

Auf dem Lido-Strand in Porto gibt es eine Windsurfschule. Die beiden besten Einrichtungen finden Sie allerdings am Maronti-Strand bei Barano und am Citara-Strand bei Forio.

Bella 'Mbriana   (U/C 2)

Man sitzt in rosa-lila Sesseln und hört sich das Liederrepertoire des für die Saison engagierten Italo-Sängers an *(tgl. 21 Uhr). Am Hafen, Via Porto 18*

Calise   (U/D 3)

★ ☼ ✝ Jeden Abend um 21 Uhr *Caffè Concerto* – nur zum Lauschen.

Castillo de Aragon   (U/F 4)

✝ Die einstige »Meerespforte« der Verteidigungsanlage am Zugang zur Burg fungiert als Nachtlokal. Swinging and Dancing zu heißen Diskoklängen unter dem Reetdach, mit den Lichtern Ischias Pontes im Blickfeld und dem Meer zu Füßen. *Am Ende des Damms zur Aragoneserburg*

Charly   (U/D 2)

☼ ✝ Stufen führen hinunter in den Diskokeller: pechschwarz die Wände, shocking-lila das Licht, entsprechend »dark« die Stimmung. *Via E. Gianturco 5*

Ciaomare   (U/D 2)

✝ Schickes Tanzlokal mit Live-Orchester, Gesang zum Träumen *(jeweils Do und So, sonst tgl. nur bis 24 Uhr)*. Man schwoft mit Blick auf beleuchtete Schirmkiefer. Ab Mitternacht gehört das Parkett den Diskofreaks. *Eintritt: 25 000 Lit, Corso V. Colonna 152*

Club Ecstasy (U/D 2)

American Bar mit Terrasse auf der *Piazzetta dei Pini* – der Schickimicki-Treff. *Mo geschl.*

Cocktail & Dreams (U/B 2)

Ofenwarm die Hörnchen und die selbstgedrehten Waffeln zum Eis. Gegen den Nachthunger. *Rund um die Uhr geöffnet, nur Juli–Sept., Via Iasolino 36*

Gatto Bianco (U/D 2)

Neue Pianobar an der belebten *Piazzetta S. Gerolamo*

Jane (U/B 1)

Die größte Disko von Porto. In poppigem Ambiente wird bis 5 Uhr morgens getanzt und getobt. Zum Verschnaufen kann man auf die zebragestreiften Sessel verzichten und auf einem Felsen am Meer oder im Garten frische Luft schnappen. *Am Ende der Via Iasolino, dicht an der Hafenmole*

Taverna Angelo (U/C 1)

Rustikale Pizzeria und Pianobar. Liegt direkt am Hafenbecken. *Via Porto 84*

Taverna del Marinaio (U/C 1)

In der »Seemannstaverne« sorgen Gitarre und Mandoline mit neapolitanischen Melodien für Hafenstimmung. *Via Porto 44*

Valentino (U/D 2)

Für dieses Nachtlokal hat sich Architekt Sandro Petti 1991 wieder etwas Exzentrisches einfallen lassen. Zwar sind die Wände kunstvoll mit Ischia-Veduten dekoriert, doch im schwungvoll gegliederten Raum rund um die Tanzfläche fühlt man sich eher, als wäre man in einem türkischen Bad oder einem Harem gelandet.

Stündlich wechselt das Programm: Die Pianobar alterniert mit der Disko. Ein eher teurer Spaß: *Eintritt 35 000 Lit, Corso V. Colonna 89*

AUSKUNFT

Azienda Autonoma di Cura Soggiorno e Turismo

Informationsbüro am Hafen (**U/B 1**): *Banchina Porto Salvo, Via Iasolino 23, Tel. 0 81 5 07 42 31, Mo–Sa 9–20 Uhr*

Hauptbüro mitten im Ortskern (**U/D 2**): *Corso V. Colonna 116, Tel. 0 81 5 07 42 11, Fax 0 81 5 07 42 30, Mo bis Fr 9–15.45 Uhr*

Clematis über einer Villenpforte

ZIELE IN DER UMGEBUNG

Campagnano (118/C–D 2)

Von S. Antuono oder S. Michele kommt man bald zum etwas südlicher und höher gelegenen Dörflein Campagnano. Vom Hügel aus ist der Blick auf das Aragoneserkastell besonders malerisch. Hübsch das Lokalkolorit des kleinen geschlossenen Kirchplatzes mit der frisch renovierten *Annunziata-Kirche* (17. Jh.). Die Fassade des beinahe klassisch-ruhigen Barockbaus, in hellen

Gelbtönen gehalten, ist mit Majolika-Fliesen geschmückt – wie auch das Dach der beiden Glockentürme.

Fiaiano (112/A 6)

Südlich von Ischia Porto, am Hang des berüchtigten Monte Arso, dessen 158 m hoher Krater heute bebaut und kaum noch erkenntlich ist, liegt das Dorf Fiaiano. Besonders schön der Ausblick vom Belvedere auf den Golf von Neapel. Unser Vorschlag: Steigen Sie zur *S.-Anna-Kirche* hinunter (der Glockenturm ist robust wie ein Wehrturm), und scheuen Sie nicht einen erholsamen Spaziergang im beeindruckenden Pinienwald, der heute auf dem ehemaligen Lavastrom von 1301 gedeiht.

Piano Liguori (118/C 3)

Von Campagnano aus erreicht man nur zu Fuß die verschlafene, uralte 20-Seelen-Siedlung auf einem Hochplateau. Der Hohlweg, durch den man wandert, ist grob gepflastert, dann führt zwischen den Weinbergen nur noch ein Saumpfad steil hinauf. Die Mühe lohnt sich – schon des traumhaften Ausblicks wegen auf Capri wegen. Unser Geheimtip: eine Rast auf der bescheidenen Dachterrasse des Signor Trani. Seit 1990 bewirtet dieser urige Weinbauer – der hier mit Frau, Kind und Esel abgeschieden lebt – seine Besucher mit Kaninchenbraten, selbstgebackenem Brot und erdigem Wein. Wer Glück hat, kann dieses ländliche Idyll ganz für sich allein genießen und dabei dem eleganten Kreisen der Möwen um die Punta Pancrazio zusehen.

Überraschend schöne Ausblicke bietet der Rückweg, wenn man oben der parallel verlaufenden Küstenlinie folgt und vor Campagnano noch einen kleinen Schlenker hinüber zu den *Torri* (Turmruinen) macht. (119/D 2) Wer genug Zeit, Kraft, Courage und festes Schuhwerk hat, kann auch den Pfad nach Südwesten einschlagen, abwärts bis zur oberen Kante der *Scarrupata* (die Südküste bildet hier eine steile Felswand), und von dort am Hang des *Monte di Vezzi* (392 m) bis zum Dörflein *Schiappone* vordringen, über dem sich die Wallfahrtskirche *Madonna di Montevergine* (18. Jh.) erhebt. (118/B 4)

Procida (120/B-C 4-5)

Die »Insel der Zitronen« ist vielen Lesern dank Elsa Morantes Roman »Arturos Insel« schon bekannt. Procida ist ein malerisches Fleckchen Erde, wo immer noch der gemächliche Rhythmus des einfachen Fischerdaseins und des ländlichen Lebens den Alltag bestimmt. Aus der Vogelperspektive gesehen, ähnelt Procidas Umriß der Silhouette einer springenden Katze. In Wirklichkeit hat man den Kraterrand eines vom Wasser verschluckten Vulkans vor Augen. Viel ist über dem Meeresspiegel nicht übriggeblieben: nicht einmal ganze 4 qkm Fläche mit einer maximalen Höhe von etwa 90 m. Es gibt hier weder Heilquellen noch Fumarolen, dafür aber drei Häfen und ein halbes Dutzend Strände in den Buchten. Besonders gepflegt sind die Strände nicht. Kommt man mit dem Ausflugsschiff von Ischia herüber, so sollte man sich für eine Inseltour eher dem Fahrer eines Microtaxis anvertrauen. Er kutschiert einen durch die pittoresken Gäßlein auf den Festungshügel, zu bezaubernden Aussichtspunkten, dann durch die bukolische Landschaft mit ihren üppigen Obst-, Gemüse- und Weingärten bis hin zur Fußgängerbrücke, die Procida mit der Miniinsel *Vivara* – dem Schwanz der erwähnten Katze – verbindet. Vivara, ehemals königliches Jagdrevier, ist heute Naturschutzgebiet und Vogelparadies. Um einen Gesamteindruck von Procida zu gewinnen, stehen – je nach Jahreszeit – anderthalb bis zweieinhalb Stunden zur Verfügung, bevor das Ausflugsschiff im Hafen von *Marina di Cattolico* wieder ablegt und, nach einer eindrucksvollen Fahrt um die Insel, vor Einbruch der Dunkelheit nach Ischia zurückfährt. So ein Nachmittagsausflug empfiehlt sich, denn sonst sind die Schiffsverbindungen mit Ischia ziemlich dürftig. Wer an Bord des eigenen Boots eintrifft, kann in der *Chiaiolella-Bucht* an der Südküste auch den Yachthafen ansteuern. Einschiffen kann man sich in den Häfen von Forìo, Lacco Ameno, Casamicciola oder Ischia Porto.

Nach 30 Minuten landet man am Anlegeplatz an der Nordküste Procidas. Vorher kann man schon bizarre Felsformationen aus teils weißem Vulkantuff bewundern. Die Häuserfront am Hafen ist längst nicht so malerisch wie die pastellfarbenen Fassaden an der *Corricella-Bucht*, wo die bunten Fischerboote am Fuß des Festungshügels *(Terra Murata)* ankern. Schaut man hinauf zu dieser mittelalterlichen Siedlung, so beeindrucken die massiven Mauern des *Palazzo Baronal*

(16. Jh.). Oben auf der 🔱 Aussichtsterrasse, nahe zur Kirche *S. Michele Arcangelo,* verschlägt einem der Blick auf die zu Füßen liegende Bucht den Atem. Nach einem kurzen Besuch in der im 11. Jh. begründeten Benediktinerkirche – in der seither alle Jahrhunderte ihre Bauspuren hinterließen – eröffnet die Sakristeitür einen unerwarteten 🔱 Weitblick bis nach Capri. Noch ein Tip für einen schönen Blick: der Aussichtspunkt vor der *Casa Brandi* an der *Via Pizzaco.* In der Gesellschaft von prächtigen Schirmkiefern und Agaven schaut man fasziniert hinab auf die zerklüftete Felswand am *Chiaia-Strand,* hinüber zur *Corricella-Bucht* und auch noch bis weit hinaus in den Golf von Neapel. *Der Schiffsausflug kostet hin und zurück 16 000 Lit, das Microtaxi nach Vereinbarung ab 30 000 Lit*

S. Antuono und S. Michele
🔱 Zwischen dem Aquädukt und Cartaromana liegen auf einer Anhöhe diese beiden kleinen Ortschaften. Sie gehören eigentlich noch zu Ischia, doch befindet man sich dort schon wie auf dem Land, zwischen Weinbergen und Gärten. Die Häuschen und Villen gruppieren sich stimmungsvoll um die gleichnamigen Kirchen. Von *S. Antuono* (**118/C 1**) – dort verbrachte der neapolitanische Philosoph Giambattista Vico (1668–1744) seine Jugend – hat man einen Blick auf den erloschenen Vulkan *Arso* (158 m) hinter dem *Ischia Porto* abfällt. Von *S. Michele* (**119/D 1**) schaut man in Richtung Aragoneserburg und Cartaromana auf das Meer und den Golf von Neapel hinunter.

Sprudelnde Oasen

Der Badeort Ischias mit den meisten Thermalquellen
in idyllischer Hügellandschaft

Man kann schon sagen, Casamicciola Terme (**110/C2**) sei ein Symbol der vulkanischen Insel Ischia. Ein ausgedehntes Siedlungsgebiet zwischen Ischia Porto und Lacco Ameno, inmitten der hügeligen Landschaft. In der unterirdischen Tiefe sind hier unermeßliche Kräfte am Wirken, die in der Vergangenheit schon große Zerstörung, aber auch reichen Segen brachten. Zum Glück gab es seit über 100 Jahren keine Verwüstungen mehr – nur der Segen sprudelt unvermindert aus den zahlreichen warmen Quellen hervor. Casamicciola hat auf Ischia die meisten Thermalquellen (darauf weist auch die in den 50er Jahren erfolgte Ergänzung des Ortsnamens hin). Unter ihnen ist *Gurgitello* die berühmteste. Ihr 85 °C heißes Heilwasser erwähnte schon 1588 der neapolitanische Arzt Giulio Iasolino in einem wegweisenden Fachbuch. Auch dem Römer Plinius war die Heilwirkung bekannt. Mit diesem Wasser wurden auch die Bäder der Anfang des 17. Jhs. gegründeten *Pio Monte della Misericordia* ge-

speist, einer wohltätigen sozialen Einrichtung. Dieses Hospiz an der Piazza Bagni ermöglichte es mittellosen Kranken aus Neapel, ihre Leiden in Casamicciola zu kurieren. Das imposante Gebäude stürzte dann am Abend des 28. Juli 1883 wie ein Kartenhaus zusammen. Nur 16 Sekunden lang bebte die Erde. Das genügte aber, um die ganze blühende Ortschaft in einen Trümmerhaufen zu verwandeln. Die Katastrophe war noch viel verheerender als das 1881 vorangegangene Erdbeben, das »nur« 124 Todesopfer gefordert hatte. Casamicciola war das Epizentrum, mit tragischer Bilanz: 1784 Tote (2300 auf der ganzen Insel), 448 Verletzte (insgesamt 762), 537 zerstörte und 134 beschädigte Häuser. 800 Opfer blieben für immer unter dem Schutt begraben. Zahlreiche Kurgäste verloren an diesem verhängnisvollen Abend ihr Leben. Im Speisesaal der Villa Verde starben alle Anwesenden beim Abendessen: Der junge Benedetto Croce – bedeutender Philosoph unseres Jahrhunderts – verlor seine Eltern und Schwester, blieb aber selbst wie durch ein Wunder am Leben. Wo einst die Pfarrkirche auf der völlig zerstörten Piazza Maio stand, erinnern ein schlichtes Holzkreuz

Das heiße Quellwasser im Thermalpark Castiglione ist eine körperliche Wohltat

MARCO POLO TIPS FÜR CASAMICCIOLA

1 **Il Focolare**
Wiederentdeckung der
uralten Bauerntradition in
Küche und Folklore
(Seite 51)

2 **Gurgitello-Quelle**
Besichtigen Sie die alt-
römischen Quellgrotten!
(Seite 50)

3 **Mennella**
Keramikfabrik mit dem
größten Sortiment auf
der Insel (Seite 51)

4 **Thermalpark Castiglione**
Mit der Drahtseilbahn
zu den Thermalbädern in
der Felsenmulde
(Seite 53)

und eine Gedenktafel an die dort beerdigten Toten. Schräg gegenüber sieht man heute noch eine Hausruine. Sogar einige der ebenerdigen Behelfsbaracken sind, als bescheidene Unterkünfte mit Wellblechdach, an Ort und Stelle geblieben. Verständlich, daß es in Casamicciola, besonders in den vom Beben am stärksten betroffenen, höher gelegenen Ortsteilen, kaum noch nennenswerte Sehenswürdigkeiten gibt. Um so beachtlicher, mit welcher Vitalität die Geisterstadt wie Phönix aus der Asche zu neuem Leben erwachte: auch ein Heilwunder der unverwüstlichen Thermalquellen!

An der *Piazza Bagni* fehlt das ehrwürdige Hospiz (sein verlassener Nachfolgebau am Seeufer wird nun endlich restauriert), und wir blicken auf Palmen und blühende Oleander, wenn wir den kräftigen Espresso auf der Terrasse gegenüber dem Thermalhotel *Manzi* genießen. Nebenan ist auch das Thermalbad *Belliazzi* erhalten geblieben. Dieser noble klassizistische Bau aus den Jahren 1852–54 ersetzte das alte Bad (1698) auf Geheiß von Ferdinand II., König von Neapel.

Das moderne Leben pulsiert im heutigen Casamicciola; das radioaktive Gurgitello-Wasser jedoch plätschert und dampft heilbringend in den Becken – wie es sich nach alter Tradition gehört. Westlich von Bagni und nördlich von Maio liegt die *Gran Sentinella* genannte dritte Hügelbezirk Casamicciolas. Bezaubernd schön mit seinen im Grünen verstreuten, manchmal prunkhaften Villen zwischen Wein- und Obstgärten. Schon in früheren Zeiten bevorzugten ihn namhafte Kurgäste. Um die idyllisch gelegenen Ferienvillen zu erreichen, war es die Mühe wert, sich mit den Eseltreibern auseinanderzusetzen und die Strapazen der Kletterpartie auf sich zu nehmen. Noch weiter westlich erreicht man die *Terme la Rita*. Ihr Wasser ist ebenso radioaktiv und salz-brom-jodhaltig wie Gurgitello und ihre Schwesterquellen in Bagni. In der Sentinella-Gegend bleibt es gewöhnlichen Sterblichen zumeist verwehrt, Privatvillen zu besichtigen, in denen einst Prominenz einquartiert war, wie z. B. 1864 der italienische Freiheitsheld Giuseppe Garibaldi oder 1867 der norwegische Dramatiker Henrik Ibsen. Die *Villa Parodi-Delfino* (ehemals *Villa Zavota, Via Castanito 68*) verbirgt sich am Ende einer gepflegten Oleanderallee. Die imposanten drei Schirmkiefern wachten schon über Garibaldis Schlaf. Die einstige *Villa Pisani*, in der Ibsen von Mai bis August 1867 wohnte und die ersten drei Akte von »Peer Gynt« schuf, ist nicht ganz leicht zu finden (am Ende der engen Sackgasse *Piccola Sentinella*). Vor dem Haus steht eine große Palme im ziemlich verwahrlosten Garten. Ibsens Salon und Arbeitszimmer mit dem Balkon sind im ersten Stock erhalten geblieben. Man kann sich vorstellen, welch herrliches Meerespanorama er von oben genießen konnte, als es den davor gepflanzten Pinienhain noch nicht gab. Wie seinen Augapfel hütet das respektable Schwesternpaar Capezza das Erbe der Familie und bemüht sich, mit bescheidenen Mitteln das seinerzeit vom Erdbeben schwer beschädigte Anwesen zu restaurieren. Ob es dann zur Besichtigung freigegeben wird?

Auf dem *Gran-Sentinella-Hügel* (126 m über dem Meer) befindet sich auch das zwei Jahre nach dem Erdbeben errichtete geophysikalische *Observatorium,* das unter Leitung des Triestiners Giulio Grablovitz einen internationalen Rang auf dem Gebiet der Erdbebenforschung erlangte. Unerklärlich, warum das Institut 1923 geschlossen wurde; ungewiß, wann es wieder eröffnet wird; fraglich auch, ob es einem gelingt, Einlaß zu bekommen, um das eigenartige seismologische Wasserbecken zu besichtigen. Versäumen sollte man aber

keinesfalls, den *Belvedere del Paradisiello* zwischen Bagni und Marina aufzusuchen. Eine schattige Platanenallee führt zu diesem Aussichtspunkt. Der Blick zum Meer ist bezaubernd, besonders stimmungsvoll in der Abenddämmerung. Zum Küstenstreifen führen einige steile Straßen hinab, mitunter von weißgetünchten kleinen Häusern gesäumt. Die blau, grün oder rosa gestrichenen Fensterläden und die blumengeschmückten Balkons stimmen in das südländische Ambiente ein. Freilich finden wir, unten angekommen, nicht das Idyll der Hügellandschaft wieder. Auf der sogenannten Schnellstraße wälzt sich die Blechlawine der Autos. Gegenüber der *Piazza Marina* liegt der Fährhafen – neben Ischia Porto die zweite Anlegestelle für die Verbindung zum Festland. Auf dem Platz selbst herrscht immer Hochbetrieb. Die große Terrasse der *Bar Calise* ist der beliebteste Schwatztreff für jung und alt. Eine Welt für sich, eine Oase der Entspannung, ist der abgeschiedene Thermalpark *Castiglione*. Hier bieten Schwimm- und Planschbecken, Sonnenterrassen, Felsengarten und Meeresstrand eine echte Erholung in auserlesenem Milieu.

BESICHTIGUNGEN

Piazza Marina

✹🚶 Gegenüber dem Denkmal für die Gefallenen des 1. Weltkriegs (Büste von König Vittorio Emanuele III.) gibt es an einem Haus eine große Ibsen-Gedenktafel. Der schwülstige Text erinnert an die Entstehung von »Peer Gynt« in Casamicciola.

Terme Belliazzi

Ischias einzige Thermalanstalt, in der man unter der Erde die Quellanlage und die Fangoaufbereitung erleben kann. Teile der Bögen und Pfeiler in der geheimnisvollen ★ *Gurgitello*-Grotte sollen noch aus der Römerzeit stammen. Interessant auch das Funktionieren der technischen Einrichtung. Papst Innozenz III., Mentor des Stauferkaisers Friedrich II., soll dort auch gebadet haben. Wie aus einem Taufbecken sprudelt in einer Eingangshalle das Heilwasser *Acqua del Cappone* unter dem bunten Majolika-Standbild des namengebenden Kapauns hervor – mit 23 °C »warm wie eine Hühnersuppe«, sagt der Volksmund. Für Trinkkuren gegen Verdauungsstörungen geeignet. *Besichtigung der Quellgrotten nur mit Begleitung, nach Anfrage beim Pförtner, links vom Eingang, Trinkgeld empfohlen, Piazza Bagni*

Terme Manzi

In einer der Einzelbadekabinen kann man die einzige aus dem 19. Jh. erhalten gebliebene Marmorwanne besichtigen. Der italienische Freiheitskämpfer Giuseppe Garibaldi nutzte sie 1864 zum Heilbad, um nach der Aspromonte-Schlacht seine Beinwunde zu kurieren. *Piazza Bagni*

Madonna del Buon Consiglio

Von Seeleuten und Fischern erbautes Kirchlein gegenüber dem Hafen. Schönes Stuckwerk und drei Altäre mit buntem Marmor aus Mondragone (nördlich von Neapel). *Piazza Marina*

Maria SS. della Pietà

Der Bau ist das Gotteshaus der gleichnamigen Ordensbruderschaft. Die neoklassizistische, hell getünchte Fassade stammt von 1897 und zeigt am Eingang zwei bezaubernde fackeltragenden Majolika-Putten (mit grüngelben Flügeln, grünem bzw. blauem Gewand). In der Apsis gibt es eine wertvolle Kreuzabnahme des Barockmalers Andrea Vaccaro (1598–1670) aus dem Jahr 1643. *Corso Luigi (Seeufer)*

S. Gabriele

Kleine Kirche im klassizistischen Stil im Ortsteil *Perrone.* Von Ischia Porto kommend links, an der Schnellstraße am Meer. *Via Salvatore*

S. Maria Maddalena

Der Schutzpatronin der Gemeinde geweihte große dreischiffige Pfarrkirche. Sie wurde nach dem Erdbeben von 1883 völlig neu aufgebaut in Form eines latei-

---

Die Marco Polo Bitte

Marco Polo war der erste Weltreisende. Er reiste in friedlicher Absicht, verband Ost und West. Er wollte die Welt entdecken, fremde Kulturen kennenlernen, nicht zerstören. Könnte er für uns Reisende des 20. Jahrhunderts nicht Vorbild sein? Aufgeschlossen und friedlich sollte unsere Haltung auf Reisen sein. Dazu gehören auch Respekt vor Mensch und Tier und die Bewahrung der Umwelt.

WWF

nischen Kreuzes. Korinthische Säulen. *Piazza Parrocchiale*

CAFÉ/BAR/EISDIELE

Bar Calise

✪♣ Zentraler Treffpunkt gegenüber dem Hafen mit alter Tradition aus den 20er Jahren, doch leider im Inneren stillos modern erneuert. Angenehm die schattige Terrasse, empfehlenswert das Eis. *Piazza Marina*

RESTAURANTS

L'Ape Regina (Bienenkönigin)

✵ Dieses Lokal liegt am Hang des Monte Rotaro. Terrasse mit Zitronenbäumen. Tip: Abendessen im Freien. Spezialität des Hauses: *spaghetti dell'Ape* (mit Zucchini, Knoblauch und Speck). *Mo geschl., Via Cretaio 93, Tel. 0 81 99 48 13, Kategorie 2*

Il Focolare

★ ✪ 1991 eröffnet mit dem lobenswerten Anspruch, die alten Gerichte wieder auf den Teller zu bringen: z. B. *lumache all'ischitana* (grüne Waldschnecken in Olivenöl mariniert, mit Knoblauch, Pfefferschote, Petersilie) oder zartes Filetsteak mit Wacholdersauce. Loretta und Riccardo D'Ambra kredenzen Wein aus familieneigener Produktion. Hier werden gelegentlich gastronomische Folkloreabende veranstaltet. *Mi geschl., Via Cretaio 36, Tel. 0 81 98 06 04, Kategorie 2*

EINKAUFEN

La Cantina

Der Name sagt es schon: einheimische Weine und Liköre in Hülle und Fülle. *Lungomare 51*

Conte

Hinter einem malerischen Torbogen wird sehr hübsche Kindermode angeboten – für die Kleinsten bis zu den 16jährigen. *Piazza Marina 21*

F. Cataneo

In diesem Schmuckladen fallen vor allem die beliebten Korallenhalsketten aus Torre del Greco auf. *Piazza Marina 15*

Iacono

Die kleine Parfümerie verkauft die gefragten Kosmetikprodukte des Dr. Morgera aus Fango. Marke: *Terme dell'Isola d'Ischia, Piazza Marina 13*

Mennella

★ Hat man schon die bunten Vasen und Majolika-Kacheln in den Schaufenstern der Mennella-Läden in Ischia Porto oder Lacco Ameno beäugt, lohnt es sich, auch die 400 Jahre alte Keramik- und Terrakotta-Fabrik aufzusuchen. In den Ausstellungsräumen unterhalb eines Supermarkts findet man eine überreiche Auswahl an Krügen, Töpfen, Bechern und Tellern in allen Farben und Größen. Hier lebt zwar die uralte Töpfertradition Ischias weiter, doch paßt man sich zwangsläufig immer mehr dem Souvenirgeschmack des Tourismus an. Wer sich gut umschaut, entdeckt aber immer noch Schönes. Uns gefielen die weißen Schüsseln mit Knoblauchkranz-Relief. Es gibt auch eine ganze Menge anderer Motive zur Auswahl. *Betriebsbesichtigung an Werktagen möglich: 8–13 und 15–17, Verkauf bis 19 Uhr, Via Salvatore Girardi 47 (an der SS 270 am östlichen Ortseingang)*

Kategorie 1
(ab 150 000 Lit)

Albergo Terme Manzi

Renoviertes altes Traditionshotel, verbunden mit der gleichnamigen Thermalanstalt an der Piazza Bagni. Von der Dachterrasse (mit Swimmingpool) ist der Epomeo-Abhang zum Greifen nah. Im exotisch-schönen Garten: Tennisplatz, Boccia und ein weiterer Thermalpool unter Palmen. Bus-Service zum Strand hinunter. *55 Zi., Piazza Bagni 4, Tel. 0 81 99 47 22, Fax 0 81 98 02 41*

Kategorie 2
(ab 80 000 Lit)

Elma

Modernes Haus am Fuß des Epomeo in gepflegter Parkanlage und mit herrlichem Blick auf das Hafenbecken. Schön gelegener, großer Meerwasser-Swimmingpool und Terrassenrestaurant, außerdem Thermalhallenbad und Tennisplatz. Klimaanlage in allen 73 Zimmern. Privatparkplatz. Behindertengerecht. *Corso V. Emanuele 57, Tel. 0 81 99 41 22, Fax 0 81 99 42 53*

Kategorie 3
(ab 60 000 Lit)

Residence Paradise

Klein, aber fein: ein verstecktes kleines Hotel hoch oben am Observatoriumshügel: nur 20 Zimmer und Apartments, alle mit Balkon und atemberaubendem Blick aufs Meer. Ganz Casamicciola liegt Ihnen zu Füßen. Am kleinen Thermalswimmingpool können Sie fast den Wald am Epomeo berühren. *Via Grande Sentinella 10, Tel. 0 81 99 62 63*

Stefania Terme

Kurhotel am Hügel in der Nähe der Piazza Bagni. Ruhige Lage, schlichte, moderne Einrichtung.

Auf Ischia hat Casamicciola die meisten Thermalquellen

Für Gäste ohne zu hohe Ansprüche. *28 Zi., Piazzetta Nizzola 16, Tel. 0 81 99 41 30, Fax 0 81 99 42 95*

Castiglione

★ 〰 Sind Sie schon mal mit der Drahtseilbahn vom Parkplatz schnurstracks zu den Umkleidekabinen gefahren? Danach geht's allerdings stufenweise zum Strand hinab. Was terrassenförmig angelegt in der Felsenmulde dazwischen liegt, ist ein echtes Ferienparadies: zehn Schwimmbecken, davon acht mit Thermalwasser (30–40 °C), Swimmingpool im Olympiamaß mit Meerwasser, Hallenbad, Kneipp-Anlage, Natursauna, Café-Bar, Terrassenrestaurant. Felsen, Bäume, Blumen, Sand und Wasser in pittoresker Harmonie. Die blauweiß gemusterten, großen Sonnenschirme fügen sich gut ins Bild ein. *Tageskarte: 29 000 Lit, ab 13 Uhr 25 000 Lit* (Geheimtip für bequeme Gemüter: sieben Luxusapartments mit Thermalparkbenutzung, bei HP pro Tag und Person 155 000 bis 190 000 Lit). *Tel. 0 81 98 25 51, an der SS 270 bei Punta la Scrofa*

Neben dem Castiglione-Strand gibt es in Casamicciola zwei weitere: *Bagnetielli* (östlich) und *Perrone* am Hafen. Letzterer läßt an Sauberkeit zu wünschen übrig. Eine Windsurfschule gibt es am Strand des Castiglione Thermalparks. Öffentliche Tennisplätze: *Villa Giuochi, Via Pr. Margherita, Tel. 0 81 99 46 97,* und *Elma, Corso V. Emanuele, Tel. 0 81 99 49 19.* An der Marina befindet sich die einzige Schule für Drachenflieger auf Ischia *(Auskunft: Ufficio Informazioni, Tel. 0 81 99 48 80).* Ökologische Ausflüge organisiert *Avet Aenaria, Piazza Marina 20, Tel. 0 81 99 48 80, Fax 0 81 99 44 41*

Terme Belliazzi

Gelegentlich wird die Eingangshalle zum Konzertsaal (auch für Jazzbands) umfunktioniert.

Ufficio Informazioni – AVET

Piazza Marina, Tel. 0 81 99 48 80, Fax 0 81 99 44 41

Monte Rotaro (111/E 3)

〰 Ein vulkanisches Naturwunder lädt zum romantischen Kraterbesuch ein. Man muß nicht unbedingt bis zum höchsten Punkt (266 m) des Kraterrands steigen. Folgt man den etwas steilen Serpentinenwindungen der *Via Cretaio,* so erreicht man den Linksabzweig, von dem ein kurzer Fußweg zum zaunbegrenzten Rastplatz führt. Der Blick hinunter in die Tiefe des waldbewachsenen Kraters und hinauf, wo die Mulde sich gegen den blauen Himmel abzeichnet, könnte einem den Atem verschlagen. Doch lieber genießt man die frische Luft im Schatten der Steineichen in vollen Zügen. Im Herbst findet man hier Steinpilze. Wer einen längeren Atem hat, kann den Weg in Richtung Cretaio und Fiaiano bis zum *Monte Trippodi* (503 m) gen Süden oder nach *Ischia Porto,* Richtung Nordost, fortsetzen.

Kleinod zwischen Lavabrocken

Heilschlamm, Keramikkunst und Mäzene machten aus der ehemals griechischen Siedlung einen noblen Kurort

Vom Fungo bis nach Fango ist es nur ein Katzensprung. In Luftlinie kaum mehr als 1 km. Auch von Ost nach West mißt Lacco (109/F2) nur zwei Kilometer. Der kleinste, aber feinste Ort auf Ischia, sagen die Italiener. 1863 fügten sie dem Namen griechischen Ursprungs *(lakkos* = Stein) *Ameno* (anmutig) hinzu. Fungo, Laccos Wahrzeichen, ist der trotzig aus dem Meer ragende Pilz neben der kleinen Hafenmole: womöglich der dickste unter den Tuffsteinbrocken, die in uralten Zeiten vom Epomeo den Hang hinuntergerollt sind. Das Dörflein *Fango* am Hügel ist nicht nach dem weltweit berühmten Heilschlamm benannt worden – sondern genau umgekehrt: Dieser wurde nach seinem Fundort getauft! Die knapp 4000 Einwohner Lacco Amenos sind noch auf zwei Ereignisse und Namen aus Geschichte und Legende stolz. Pithekussai, die er-

ste griechische Siedlung in Italien (um 770 v. Chr.), befand sich am heutigen *Monte Vico,* dem »Hausberg« von Lacco Ameno. Es gab der Insel auch ihren Namen, abgeleitet aus »pithoi« (Tongefäße). Nicht von ungefähr: Das reiche Vorkommen von Ton begünstigte das Aufblühen der griechischen Keramikkunst. Berühmt ist der in den 50er Jahren von Prof. Giorgio Buchner in der Bucht von S. Montano entdeckte »Nestor-Becher«. Ihn ziert die älteste im westlichen Mittelmeerraum erhaltene griechische Inschrift (um 730 v. Chr.): eine Widmung in drei beschwingten Versen an die Liebesgöttin Aphrodite. Am Sandstrand der so idyllischen Bucht, westlich vom Monte Vico, fügt sich heute der Thermalpark *Negombo* harmonisch in die stille Landschaft ein. An diesem Ufer soll der Legende nach das Boot der heiligen Restituta – Laccos Schutzpatronin – gestrandet sein. Ihr ist die Kirche auf dem Hauptplatz Laccos am westlichen Ende der Seepromenade geweiht. Schauen wir uns auf der kleinen Piazza S. Re-

Das Wahrzeichen Lacco Amenos ist Fungo, der Pilz, ein riesiger Tuffstein, der einst vom Epomeo ins Meer hinunterrollte

MARCO POLO TIPS FÜR LACCO AMENO

1 Villa Arbusto
Schon Letizia Ramorino, Napoleons Mutter, fühlte sich hier wohl (Seite 57 und 58)

2 Terme Regina Isabella e S. Restituta
Super-Thermalanstalt – in ihren Quellen forschte Nobelpreisträgerin Marie Curie nach Radon (Seite 60)

3 Negombo
Thermalpark in der idyllischen S.-Montano-Bucht mit herrlichem Sandstrand (Seite 61)

4 Museo e Scavi archeologici di S. Restituta
Eintauchen in die frühe griechische und christliche Vergangenheit Ischias (Seite 58)

stituta ein wenig um, so entdekken wir bald, daß die Stadtheilige mit ihrer Anziehungskraft eine Schar von Mäzenen angelockt hat: 1707 stifteten Wohltäter aus Neapel die an die Kirche angebaute einschiffige Kapelle (auf dem Altar ihre Holzstatue aus dem 16. Jh.); 1589 entstand der Wehrturm zum Schutz des damaligen Karmeliterklosters gegen die Türken (heute befindet sich unter der Turmuhr das Rathaus) – eine »Privatspende« des Paters Simone De Bernardis. Dem Verleger Angelo Rizzoli hat Lacco Ameno zu verdanken, daß es sich in den 50er Jahren des 20. Jhs. zu einem Nobelkurort mauserte. Neben der neuen Thermalanstalt mit ihrem imposanten ionischen Säulengang entstand am Platz dank Rizzolis Initiative auch ein Luxushotel-Ensemble. Lacco Ameno wurde bald zum beliebten Treffpunkt der italienischen und ausländischen Hautevolee.

Es fehlt nicht an High-Society, High-Life und Läden für die Schickeria. Ob dieses Milieu dem dichterisch veranlagten König Ludwig I. von Bayern gefallen hätte? Anfang des vorigen Jahrhunderts logierte er in der damals einzigen Herberge auf Ischia: in Don Tommasos abgeschiedenem Landhaus in Pannella, hoch über Lacco Ameno. Unsereiner fühlt sich jedenfalls wohl im traditionellen Café *Triangolo* beim Aperitif oder im urig-pittoresken Fischlokal *'O Padrone d'o Mare,* beide am Seeufer. Wer etwas für archäologische Funde übrig hat, suche das unterirdische Museum von S. Restituta und die unweit in einem prächtigen Garten gelegene *Villa Arbusto* – früher Villa Rizzoli – auf. Last not least ein Superlativ: Laccos Einwohner sind davon überzeugt, ihre Thermalquellen seien die radioaktivsten der Welt. Ganz stimmt das zwar nicht, aber sie gehören zweifellos dazu. Sogar die Physik- und Chemie-Nobelpreisträgerin Marie Curie interessierte sich während eines Erholungsaufenthalts in Lacco Ameno für die dortigen radioaktiven Quellen. In der Säulenhalle der Thermen *Regina Isabella* hält neben dem Eingang eine Gedenktafel das Datum ihres Forschungsbesuchs fest: 7. August 1918.

Monte Vico, Torre Aragonese

Von der Piazza S. Restituta führt ein kurzer, steiler Weg hinauf zum Monte Vico (116 m) mit prächtigem Blick auf Lacco Ameno, Casamicciola und den Golf von Neapel. Die *Via Nuova Monte Vico* führt zum idyllischen Friedhof und zu dem im 14. Jh. vom Aragonierkönig Alfons auf römischen Grundmauern errichteten Wachtturm, der heute als Friedhofskapelle genutzt wird. Oben auf dem Berg liegt das Hotel San Montano.

Villa Arbusto (früher Villa Rizzoli)

★ Die dekorative Villa (18. Jh.) fügt sich mit ihrer rotbraunen Farbe und der anschließenden halbkreisförmigen Pergola harmonisch in den am Abhang angelegten Garten ein. Ein klei-nes ischitanisches Paradies, reich an mediterraner Vegetation. Von der Pergola aus hat man einen herrlichen Blick auf den ganzen Golf. Auf der Terrasse ist die alte Natursauna *(stufa)* und daneben die Hauskapelle mit Freskenspuren sehenswert. Illustrer Gast von gestern: Napoleons Mutter Letizia Ramorino (1805). *Corso Angelo Rizzoli 210 (Eingang zum öffentlichen Park), für die Villenbesichtigung zuständig ist das Hauswartehepaar Di Meglio, Tel. 0 81 98 60 27*

S. Maria delle Grazie

An der Seepromenade: schlichte Barockkirche der Fischer mit einem schlanken weißen Glockenturm (beide von Kuppeln gekrönt). Gleich rechts am Eingang eine antike Herakles-Statue, nicht nur mit dem üblichen Löwenfell und Knüppel ausgestattet, sondern auch noch mit dem Weihwasserbecken beladen. Die mit Barockengeln und -ornamenten umgestaltete Holzkan-

Halbschatten spendet der Laubengang der Villa Arbusto

zel (15. Jh.) stammt vermutlich aus der alten Kathedrale von Ischia Ponte. *Anfang Corso Angelo Rizzoli*

S. Restituta

Die 1883 vom Erdbeben zerstörte Barockkirche wurde nach dem Wiederaufbau am 2. Juli 1886 eingeweiht. (Fassade aus dem Jahr 1910). Architekt Botta verwendete eine besondere erdbebensichere Technik bei der Errichtung der 24 korinthischen Säulen. Marmorhauptaltar mit bunten Intarsien. Das Hauptaltarbild (hl. Augustin des Neapolitaners Filippo Balbi) übertrifft an Qualität die Serie von zehn – ziemlich kitschigen – Bildern oberhalb der Seitenkapellen. Auf diesen erzählt der Maler Ferdinando Mastroianni die Legende der hl. Restituta. Die wechselhafte Geschichte der S.-Restituta-Kirche geht zurück bis in die Anfänge des Christentums in Lacco (4. Jh. n. Chr.). *Piazza S. Restituta*

MUSEEN

Museo e Scavi archeologici di S. Restituta (Museum und Ausgrabungen)

★ Das Museum entstand Anfang der 50er Jahre, nachdem bei Restaurierungsarbeiten unter dem Boden der S.-Restituta-Kapelle die frühchristliche Krypta mit zahlreichen Gräbern entdeckt wurde. Pfarrer Don Pietro Monti, selbst leidenschaftlicher Liebhaber der Archäologie und Anhänger des großen Ischiaforschers Prof. Giorgio Buchner, sorgte nach der erfreulichen Überraschung – aus eigener Initiative und ohne öffentliche Hilfe – für die Fortsetzung der Aus-

grabungen. So kann man heute nicht nur museale Ausstellungsstücke besichtigen, sondern an Ort und Stelle ein Szenarium aus Kultur, Leben und Tod der Ischitaner – von der frühen griechischen Zeit bis zu der ersten christlichen Ära – erleben. Eine kleine Siedlung mit Keramik-Brennöfen, Werk- und Spielzeugen, Gräberfeldern (mit Bestattungsarten nach phönizischem, punischem, griechisch-römischem Brauch: in Amphoren oder mit bedachten Grabstätten). Unter der Erde führt der Weg unmittelbar an den freigelegten Funden vorbei. *In der Hochsaison (1. Juni–31. Aug.) Mo–Sa 9–12 und 17–20, So und feiertags 9–12 Uhr; in der Nebensaison (1. März–31. Mai und 1. Sept. bis 31. Okt.) Mo–Sa 9–12 und 15 bis 17.30, So und feiertags 9–12 Uhr; Eintritt: 4000 Lit, Piazza S. Restituta*

Villa Arbusto

★ ⚘ Die kürzlich renovierten Säle bieten einen würdigen Rahmen für die archäologischen Schätze, die größtenteils Prof. Giorgio Buchner ausgegraben hat. An derselben Stelle Reste eines Gehöfts aus der Römerzeit und Funde aus der Neustein- und Bronzezeit. *Corso Angelo Rizzoli 120, Tel. 081 98 62 88. Auskunft: Sopraintendenza archeologica, Via Mezzavia 56, Tel. 081 98 60 55*

BAR/CAFÈ

Il Triangolo

☼ ♣ Der Treff schlechthin für einen guten Espresso oder den Abend-Aperitif. Den Blick auf den Fungo bekommt man gratis dazu. *Via Roma*

RESTAURANTS

Francischiello

Das schlicht-rustikale Verandarestaurant (Kamin aus Tuffstein) liegt in ländlicher Umgebung am Hügel mit Blick aufs Meer. Köchin Concettas Leibgericht: *bucatini al sugo di coniglio* (dünne Makkaroni in Kaninchensauce). *Di geschl., Via Pannella 71, Tel. 0 81 99 47 85, Kategorie 3*

'O Padrone d'o Mare

Fischlokal mit malerischer Veranda. Die vier flotten Brüder Franco, Gennaro, Ciro und Salvatore wirbeln im Saal, ihre Frauen in der Küche. Die Familie De Caro bietet auch Fleischgerichte an. Ein besonderer Tip: Die leichten Kartoffelnockerln (in Tomaten- und Mozzarellasauce) zergehen auf der Zunge. Keine Kreditkarten! *Di geschl., Corso A. Rizzoli 6, Tel. 0 81 98 61 59, Kategorie 2*

EINKAUFEN

L'Atelier Mennella

Der zweite Laden für Ischiakeramik (siehe *Mennella* in Casamicciola). *Corso A. Rizzoli 142*

Fragole infinite

Sehr geschmackvolle Röcke und Hosen für Kinder bis zwölf Jahre. *Corso A. Rizzoli 81*

Grifo

Klassische und aparte Männermode, etwa fesche Jacken von Brooksfield. Traumhaft und teuer. *Corso A. Rizzoli 29*

El Prado Antichità

Ein nobles Antiquitätengeschäft gleich vor dem Luxushotel Regina Isabella. Möbel, Keramik, Glas vor allem aus dem 18. und 19. Jh. *Piazza S. Restituta 5*

Ritz Saddler

Elegant der Laden (im Marine-Look), ebenso das Angebot für den flott gekleideten Sportler. *Corso A. Rizzoli 166*

Timpone gioielli

Besonders schön in diesem Juwelengeschäft die Ringe und Broschen nach antiken Vorbildern. *Via Onofrio*

Vittorio

Modeladen für die Dame mit Pfiff. Auffallend schicke Hemdkleider von Livio De Simone mit Blumen-, Vogel-, Schmetterlingmotiven in leuchtenden Farben. *Corso A. Rizzoli 144*

HOTELS

Luxushotel
(ab 280 000 Lit)

Regina Isabella & Royal Sporting Terme

Die vom Verleger Angelo Rizzoli Ende der 50er Jahre ins Leben gerufene VIP-Luxusherberge neben Ischias bekanntestem Thermalbad. Außen modern, mit Balkon- und Terrassenfront am Meer, innen nur mit Stilmöbeln eingerichtet. Besonders schön: die Majolika-Fußböden (aus Capodimonte) und die Murano-Lüster. High-brow die Atmosphäre, high die Society, noch higher die Preise. Der Empfangschef erinnert sich gern an prominente Gäste wie Sofia Loren und Soraya. Die Dépendance *Royal Sporting* über den Klippen bietet ausschließlich 17 Suiten an – alle mit Meeresblick. An Komfort, Kur- und Sportmöglichkeiten, Unterhaltung und Gastronomie wird alles nur Wünschenswerte geboten. Exklusivangebot ist ein Hubschrauberdienst vom Flughafen Neapel! *115 Zi., Piazza S. Restituta, Tel. 0 81 99 43 22, Fax 0 81 90 01 90*

Kategorie 1
(ab 240 000 Lit)

Albergo Terme di S. Montano

☙ Diese vornehme Herberge schmückt die Spitze des Monte Vico. Es gibt keinen schöneren Aussichtspunkt in Lacco Ameno. Die Zimmereinrichtung erinnert an englische Schiffsmöbel. Eigene Kurabteilung, zwei große Swimmingpools auf der Terrasse, Tennisplatz, Bocciabahnen im Garten. Sonst steht auch das ganze Sportangebot wie im Hotel Regina Isabella zur Verfügung. Einmal in der Woche: Lunch mit Folkloregruppe oder Galaabend mit Tanz. Behindertengerecht. *62 Zi., Via Monte Vico, Tel. 0 81 99 40 33, Fax 0 81 98 02 42*

Kategorie 2
(ab 200 000 Lit)

Michelangelo

☙ Das Schönste an diesem Hotel ist seine Lage am Hügel mit Blick auf Weingärten und Meer. Die Einrichtung ist eher lieblos. Empfehlenswerte Zimmer: Nr. 205–208. Zwei Thermalbäder (ein Frei- und ein Hallenbad). *63 Zi., Via Provinciale Fango 77, Tel. 0 81 99 51 34, Fax 0 81 99 55 53*

La Reginella

☙ Ein kleines Hotel an der Piazza S. Restituta, dem Regina Isa-

bella gegenüber. Angenehme Besonderheiten: Hallenthermalbad im Jugendstil mit tropischem Gewächs um das Bassin; schöner, ruhiger Garten mitten im Ortskern, mit Epomeo-Blick auch vom Pool und Tennisplatz. 58 Zimmer im Hauptgebäude, dazu kommen 25 in der Nebenvilla *O' Pignatiello. Piazza S. Restituta, Tel. 0 81 99 43 00, Fax 0 81 98 04 81*

Kategorie 3
(ab 150 000 Lit)

Terme S. Lorenzo

☙ Die richtige Adresse für den Familienurlaub, mit herrlichem Blick auf Meer und Epomeo. Zwei Swimmingpools (mit Thermal- bzw. Meereswasser). Bekannter als die Thermalquelle war in früherer Zeit das Sudatorium *Stufe di San Lorenzo* in Hotelnähe: ein natürliches Schwitzbad. *57 Zi., an der SS 270, km 23,8, Tel. 0 81 99 41 15, Fax 0 81 98 77 57*

THERMALANLAGEN

Terme Regina Isabella e Santa Restituta

★ Der Verleger Rizzoli ließ in den 50er Jahren ein majestätisches neues Gebäude in neoklassizistischem Stil errichten. Es ersetzte das alte, 1845 von der Gemeinde erbaute Badehaus. Ohne die anspruchsvolle moderne Anlage wäre die spektakuläre touristische Entwicklung Lacco Amenos in den letzten Jahrzehnten undenkbar gewesen. Die Thermalanstalt ist öffentlich und nicht nur für Hotelgäste zugänglich. Außer dem stark radioaktiven Heilwasser wird freilich auch der damit zubereitete Fango für Heilzwecke eingesetzt, von zusätzlichen Anwendungen gar nicht zu sprechen. Als Beispiel seien hier einzelne Abteilungen der Anstalt genannt: diagnostische, antalgische, gynäkologische, Thermal-, Hals-Nasen-Ohren-, Hydro-System-, Massage-, Thalassotherapie-, Diätetik- und Kosmetik-Abteilung. *Piazza S. Restituta*

Negombo

★ Die Heilquellen in der Bucht von S. Montano helfen gegen Rheuma, Ischias, Gicht und Darmstörungen. Die Becken des Negombo-Thermalparks (zwei zum Schwimmen, eins zur Thermaltherapie) speist das Wasser der Montano-Quellen. Es gibt auch zwei Meerwasser-Pools, noch schöner ist aber das Baden am gepflegten Sandstrand. Ausgezeichnet das Mittagessen auf der Restaurantterrasse. *Tageskarte: 30 000 Lit, Halbtageskarte ab 12.30 Uhr: Lit 23 000, S.-Montano-Bucht, Tel. 0 81 98 61 52*

SPIEL UND SPORT

Am schönsten und für Kinder besonders geeignet ist der flache Sandstrand in der ❄ S.-Montano-Bucht, der sanft ins klare Wasser abfällt. Der östliche Strandabschnitt gehört zum Negombopark *(Tageskarte: 30 000 Lit)*, der westliche ist öffentlich.

Tennis: Tennis Europa, Via Onofrio, Tel. 0 81 99 48 77

Boccia in den Gärten der Cabalhotels-Kette

AM ABEND

Hotel Terme di Augusto

Im Konferenzsaal (200 Sitzplätze) des eleganten Hauses findet im September ein internationales Festival für zeitgenössische Musik mit namhaften Künstlern statt. *Tel. 0 81 99 49 44*

Negombo

★ Die beliebtesten Italo-Schlagersänger treten von Juli bis August auf der Freilichtbühne des Negombo-Thermalparks auf (zehn Konzerte sind es insgesamt). *Tel. 0 81 98 63 90*

Villa Arbusto

Gelegentlich finden hier Kammermusikkonzerte statt. *Info: Rathaus, Tel. 0 81 98 60 58*

AUSKUNFT

Reisebüro *Isolaverde Viaggi, Piazzetta Pontile 1/3, Tel. 0 81 98 04 55, Fax 0 81 99 53 29*

ZIEL IN DER UMGEBUNG

Strada Borbonica

❄ Von der Piazza Girardi am Seeufer, gegenüber dem Fungo, erreicht man über die Via Provinciale Lacco-Fango die *Bourbonenstraße*, eine Querverbindung im Landesinneren von *Maio* (**110/B 3**) bis *Monterone* (**108/C 5**). Eigentlich ist das keine besonders spektakuläre Panoramastraße, aber sie gewährt Einblicke in das noch ursprünglich gebliebene Landleben. Kurz vor Monterone blickt man plötzlich auf das Westufer von San Francesco bis Punta Caruso. Man biegt also in die zum Meer führende *Via Spinàvola* ein (kein Straßenschild; der Abzweig ist bei der Villa *Acqua Suriente Nr. 127)*, um zwischen hübschen Villen und Weingärten zum ❀ �’ Strand von San Francesco zu gelangen.

»Grüner Strahl« und weißer Strand

In den 50er Jahren beliebt bei Literaten, Musikern und Schauspielern – heute wieder »in«

Ich suchte Frieden und fand ihn hier – womöglich prosteten sich mit ähnlichen Worten die Nachfolger des ermordeten Caesar, die römischen Triumvirn Lepidus, Oktavian und Mark Anton, zu, als sie an Bord der vor Forìo **(108/B 5)** ankernden Staatsgaleere den Friedensvertrag besiegelten. Das war im Jahr 39 v. Chr. Danach erlebte Forìo – das von Griechen aus dem sizilianischen Syrakus gegründet wurde – in seiner Geschichte viele Höhen und Tiefen. Der Name Forìo könnte aus dem italienischen *rifiorì* (blühte wieder auf), nach poetischen Gemütern sogar aus *fiore* (Blume) hergeleitet werden – das Blumenmotiv im Stadtwappen dürfte letzterem recht geben. Forìo erinnert auch an das griechische Wort *phoros* (fruchtbar). Wie dem auch sei: All diese Schmeicheleien verdient Forìo auch heute noch.

Der Citara-Strand – schöner könnte er wohl kaum sein – trägt den Namen der Schönheits-

Mußestunden auf der sonnigen Piazza Forìos

göttin Venus Cytherea. Ihren Tempel ersetzt heute die dem Meeresgott Poseidon gewidmete prächtigste Thermalanlage Ischias. Und wo könnte der Gast in Forìo sonst noch so tief den Frieden in seinem Herzen empfinden als hier beim purpurroten Abschied der Sonne von den schillernden Meeresfluten? An der Reling zum silbern glänzenden Meer hin, wenn man bei Mondschein neben dem Kirchlein *Madonna del Soccorso* auf dem Felsvorsprung steht? Die Kirche der Fischer, von Scheinwerfern bestrahlt, scheint zwischen Meer und Himmel zu schweben. Barockkirchen gibt es knapp ein Dutzend in Forìo, von der schlichten Kapelle bis zur süditalienisch pompösen Basilika. Manche der Heiligenbilder sind dem namhaftesten örtlichen Maler Cesare Calise (aktiv zwischen 1588 und 1641) zu verdanken. Die Tradition seiner Familie lebt heute in der auserlesenen Keramikkunst des jungen Franco Calise auf. Er führt mit viel Phantasie und erstaunlichem Können die neapolitanische Stilrichtung des 18. Jhs. weiter. Wer stimmungsvolle, enge Gassen mag, die sich mit ihren alten Häusern steil eine Anhöhe hinaufwinden, findet hinter dem Hafen in der *Via del Torrione* dafür ein Beispiel. Die Antiquitätenliebhaber suchen in der Nähe die *Via Marina* auf. *Torrione,* der große, runde Turm, zu dem die gleichnamige Gasse führt, ist der bekannteste und imposanteste von 13 »Anti-Piraten«-Wehrtürmen aus dem Mittelalter, die (teils in Wohngebäude einbezogen oder in solche umgewandelt) in und um Forìo erhalten geblieben sind. Anders als Ischia, Handelszentrum der Insel, machte sich Forìo als Kulturzentrum einen Namen. Besonders in den 50er Jahren war Forìo für internationale Künstler, Literaten und Leute der Film- und Theaterwelt mehr als ein Urlaubstip. Ort und Umgebung galten als eine Quelle der Inspiration. Zu jener Zeit war im Herzen des Städtchens das Café *La Maria – Bar Internazionale* der beliebte Treffpunkt vieler Non-konformisten: Auden, Tennessee Williams, Isherwood, Capote, Neruda, Moravia, Morante, Pasolini vertraten die Literatur; Strawinski, Henze, Nono, Walton die Musik; Leonor Fini, Bargheer und Guttuso die Malerei. Unter der Weinlaube genossen sie im Schatten der duftenden Glyzinien den kühlen Wein, serviert von der kratzbürstigen Padrona, Maria Senese. Stundenlang war ein kleiner Tisch auf der Terrasse Audens Stammplatz, um die Flanierer auf dem Corso zu beobachten. Maria Senese starb 1979, ihre Person von einem Mannweib bleibt aber, als Türkenbaba, in der Auden-Kallmann/Strawinski-Oper »The Rake's Progress« verewigt. Die Bar *La Maria* existiert noch, doch ihr Künstlerflair ist längst verweht. Aber die Glyzinien und Ficus-benjamini-Bäume (eine Art Gummibaum mit kleinen Blättern), der moosbewachsene Springbrunnen auf der Piazzetta: Sie erinnern sich noch daran.

MARCO POLO TIPS FÜR FORÌO

1 **Grande Albergo Mezzatorre**
Nobelherberge mit Schick und Charme im Sarazenenturm (Seite 72)

2 **Le Maioliche di Franco Calise**
Früchte »zum Anbeißen« – in Keramik versteinert (Seite 72)

3 **S. Maria del Monte**
Wallfahrtskapelle im Tufffelsen inmitten der Weinberge (Seite 77)

4 **S. Maria del Soccorso**
Kirche, die wie ein Schiff ins Meer sticht (Seite 67)

5 **La Mortella**
Aus einer Felsenwüste wurde ein exotisches Pflanzenparadies (Seite 65 und 70)

6 **Poseidongärten**
Das Thermal-Nonplusultra auf ganz Ischia, zwischen Weingrotte und Sandstrand (Seite 73)

Berühmt wurden auch die dicken Mauern von *La Colombaia* (»Taubenschlag«): Den ehemaligen Sarazenenturm hatte der weltberühmte Filmregisseur Luchino Visconti (gestorben 1976) in seine Traumvilla umgestaltet. Zu den Gästen gehörten Stars wie Anna Magnani, Sofia Loren, Laurence Olivier, Richard Burton, Liz Taylor. *Mezzatorre,* das neue VIP-Luxushotel auf einem Felsvorsprung an der äußersten Nordwestküste, ist in der Nachbarschaft. Man munkelt, die Visconti-Villa werde bald zu einer Dépendance des *Mezzatorre* umfunktioniert. Von einem Pinienhain umgeben, mit Blick auf die Bucht von Neapel, auf Monte Vico und Epomeo, ist die gesamte Anlage eine Perle in der wilden, typisch ischitanischen Vulkanlandschaft der Zaro-Halbinsel. *La Guardiola* (102 m) und *Monte Caruso* (56 m) heißen die zerklüfteten Erhebungen. Um sie herum schlängelt sich ein Weg, streckenweise für Autos gesperrt, durch ungestüme, dunkle Lavabrocken mitten im Steineichenwald nach Punta Caruso. Schluchten, Klippen, Aussichtspunkte mit fesselndem Blick, tief unten das rauschende Meer. Kein Wunder, daß hier oben die prächtigsten Residenzen der internationalen Prominenz Ischias entstanden. Von überwältigender Schönheit sind die dem Lavaboden abgetrotzten exotischen Gärten des Sektfabrikanten Gancia (leider nicht mehr geöffnet) und des 1983 verstorbenen englischen Komponisten William Walton (ein absolutes »Muß«, denn seit 1991 zugänglich für Besucher). Der Kontrast zwischen diesem Villenviertel und dem südwärts darunter liegenden Sandstrand von San Francesco ist bezeichnend für das vielfältige Angebot von Forìo. Wer den schönsten Blick aufs Meer, auf Forìos Altstadt und den Westhang des Epomeo genießen will, mache doch am Belvedere vor dem Eingang des Gancia-Anwesens halt. Tut er dies bei Sonnenuntergang und ist er noch dazu ein Glückspilz, dann hat er die Chance, ein sehr rares Naturphänomen von ganz kurzer Dauer zu erleben. Der »grüne Strahl« kommt nur bei selten eintretenden, besonderen Lichtverhältnissen in der Atmosphäre zur Geltung, am Ende eines schönen Sommertags. In dem Augenblick, wenn die Sonne ins Meer taucht, leuchtet plötzlich ein grüner Schimmer am Horizont auf: ein Abschiedshauch, den die Sonne auf das blaue Meer legt.

BESICHTIGUNGEN

Felsen (114/B 2–A 3)

Von der Straße zwischen Forìo und Punta Imperatore, die südwärts zum Citara-Strand führt, erblickt man im Meer eine Reihe malerischer Felsgruppen mit den zutreffenden Namen: *Felsen der Verliebten, Rote Felsen, Pferdefelsen, Weißer* und *Schwarzer Felsen.* An Land, bei den Poseidon-Gärten, gelang es der Winderosion, zwei besonders eindrucksvolle Figuren aus dem Lavastein zu meißeln: den Adler und den Elefanten.

La Mortella (Die Myrte) (108/C 2)

★ »Der Garten: … als Ausdruck des Glaubens, Inkarnation der Hoffnung und Hymne des Dankes«: Dieses Credo seines

Schaffens setzte der berühmte englische Landschaftsarchitekt Russell Page in Plan und Tat um, als er die Träume und Sehnsüchte seines Landsmanns, des Komponisten William Walton, und dessen Frau Susana verwirklichte. Aus der von Freund Laurence Olivier »eine Steinhalde« genannten Senke, nur mit vulkanischen Trachyt-Felsbrocken bedeckt, entstand zwischen 1956 und 1983 in mehreren Etappen zäher Arbeit ein wahres irdisches Paradies, das in harmonischer Farben- und Formenpracht Waltons Musik widerspiegeln soll. Mehr als 200 seltene exotische und mediterrane Pflanzen- und Baumsorten prangen heute auf 15 000 qm Fläche, wo es früher weder fruchtbaren Boden noch Wasser gab. Besonders stolz ist nun Lady Susana Walton auf das Gedeihen des Ginkgo-Biloba-Baums. Drei idyllische Springbrunnen und ein verborgener Fischteich liegen in der Talsenke. Von dort führen steile Treppenpfade am bewaldeten Hang zum ᯘ Aussichtspunkt hinauf (mit überwältigendem Blick auf San Francesco, Forìo, bis zur Punta Imperatore). Dort, wo Sir William sich besonders gern aufhielt, wurde aus einem Lavafelsen seine kleine Grabpyramide errichtet. Darauf lesen wir ein Zitat von Traherne: »All bliss consists in this – To do as Adam did« (übersetzt etwa: »Darin besteht der ganze Segen – Zu leben, als wär's Adams Leben«). *Öffnungszeiten: Ostern bis Sept. jeweils Di, Do, Sa 9–19, Okt. nur bis 18 Uhr, Nov. bis Ostern geschl., im Ortsteil Zaro, Tel. 0 81 98 62 20, Eintritt: 10 000 Lit.* Museum und Teehaus gehören zum Anwesen.

Municipio

Neben der Kirche von *S. Francesco d'Assisi* steht Forìos altes Rathaus. An seiner weiß-grauen Barockfassade befindet sich neben dem Eingang eine Gedenktafel für den einheimischen Priester Gaetano Morgera, der zu den aufständischen Revolutionären der Parthenopeischen Republik zählte. Sein Schicksal: Während der Bourbonenherrschaft wurde er in Neapel am 22. Oktober 1799 aus Rache lebendig enthäutet, dann erhängt. Sehenswert der Innenhof des Rathauses: der Kreuzgang des ehemaligen Franziskanerklosters. *Piazza del Municipio* (mit Parkmöglichkeit unter Magnolienbäumen und Palmen).

Punta Imperatore mit Leuchtturm   (114/A 4)

ᯘ Wenige hundert Meter südlich des Ortsteils Cuotto (Abzweig von der Landstraße Nr. 270 bei der *Casa Verde*) führt der Weg hinauf zum Felsenvorsprung, auf dem der Leuchtturm am westlichsten Punkt Ischias steht. Atemberaubend der Ausblick aus 150 m Höhe auf Forìo, auf Klippen und Meer.

Chiesa del Purgatorio (»Fegefeuer«-Kirche)

Interessant an dieser Kirche aus dem 18. Jh.: eine große Fegefeuerszene über dem Portal, auf Majolika-Fliesen vom jetzigen Keramikkünstler Taki Calise dargestellt. »Die Inspiration dazu erhielt ich vom Ölgemälde meines Urahnen Cesare, das sich im Inneren der Kirche befindet«, informiert uns Taki. *An der Landstraße zwischen Forìo und San Francesco*

S. Carlo al Cierco (108/C 5)

Die Besonderheit an dieser 1620 erbauten Kirche: Ihre Originalstruktur blieb uns ohne die geringste Änderung erhalten. Einheimische Handwerker haben allen Zierat in minutiöser Kleinarbeit aus dem reichlich vorhandenen grünen Tuffstein gemeißelt. Im Inneren befindet sich ein wichtiger Gemäldezyklus des örtlichen Barockmalers Cesare Calise. *Im Ortsteil Cierco bei Monterone*

S. Francesco d'Assisi

Die 1674 gebaute Klosterkirche im schlichten Stil der Franziskaner ist mit weißem Stuckwerk dekoriert und beherbergt Barockgemälde von zahlreichen Malern der neapolitanischen Schule (etwa Bordone, Preti, Ceppaluni, Simonelli). Das benachbarte Kloster wurde zum Rathaus umfunktioniert. *Nur zur Sonntagsmesse geöffnet, Piazza del Municipio*

S. Francesco di Paola (108/C 3)

Schlichte Kirche oberhalb des S.-Francesco-Strands, mit schöner Aussicht vom Vorplatz auf Forìo. Aus dem anliegenden Kloster wurde eine Privatvilla. Mehrere Bildstöcke säumen den hinaufführenden Weg mit hübschen Majolika-Bildern aus örtlichen Werkstätten.

S. Gaetano

Den Besucher von Forìos Ortskern begrüßt schon von weither die formschöne Kuppel. Die an ihrer Südseite angebrachte Sonnenuhr zeigt sogar die Zeit an. Das Innere ist ziemlich verwahrlost, doch die Putti um den Hauptaltar sind sehr hübsch mit ihren freundlich lächelnden Gesichtern. Um 1650 von Seeleuten und Fischern erbaut; Grundriß: lateinisches Kreuz. Das strenge Äußere ist weiß getüncht und erinnert eher an eine Festung. Aus dem Giebelfeld über dem Eingang winkt die Terrakottabüste des Heiligen. *Piazza Medaglia d'Oro*

S. Maria del Soccorso

Der große amerikanische Schriftsteller Truman Capote weilte 1954 mehrere Monate in Forìo und war von diesem populären Wahrzeichen des Städtchens so beeindruckt, daß er es mit dem Bug eines ins Meer stechenden Schiffs verglich. Das trifft eher für das von Felsklippen umgebene Plateau zu, auf dem die erste Wallfahrtskirche im 16. Jh. erbaut wurde. Ihre heutige Form datiert aus dem Jahr 1791 (1864 renoviert) und verschmilzt Elemente des byzantinischen, maurischen und süditalienischen Stils in einnehmender Einfachheit. Selten kommt es vor, daß Asymmetrie einen so harmonischen Eindruck erweckt wie hier. Dazu trägt auch der Kontrast der schneeweißen Fassade zum dunkelgrauen Peperinstein bei, dem Baumaterial für die Türeinfassung und die Freitreppen, die zum Vorplatz und zum Eingang führen. Heiligenbilder und bunte Dekorationen an den Stufen aus Majolika-Fliesen (18. Jh.) – stellenweise brutal beschädigt – gehören dazu. Weiß ist wiederum das Stuckwerk im einschiffigen Innenraum. Bunt sind die Marmorintarsien um den Altar. Am oberen Sims der Pfeiler stehen einige Segelschiffmodelle: Sie erinnern an die Rettung aus Seenot, als Votivgaben der Fischer, denn ihre Kirche ist ja der »rettenden« Jungfrau Maria geweiht. Auch um das in der Seitenkapelle verehrte Kruzifix (Anfang 16. Jh.) rankt sich eine Rettungslegende: Es wurde unterhalb der Kirche in der Meeresbrandung gefunden.

S. Maria di Loreto

Die von zwei Glockentürmen eingerahmte Barockfassade der pompejanisch-rot gefärbten Basilika stimmt uns schon auf ihr prunkhaftes Inneres ein. Dreischiffig ist der überwältigende Raum, die Kassettendecke mit Gold reich verziert. Die Marmordekoration ist farbenprächtig, wie es der neapolitanischen Art entspricht. Schwarz-weiß kariert hingegen ist der Fußboden aus ligurischem Marmor. Zu den Kunstwerken gehören wichtige Tafelgemälde des Forìaners Cesare Calise. Ein Außenmosaik des zeitgenössischen deutschen Malers Eduard Bargheer sticht geradezu in die Augen. In ihrer gegenwärtigen Gestalt stammt die Kirche aus dem 18. Jh. (gegründet im 14. Jh., umgebaut im 16. Jh.). Betreten wir durch eine Seitentür das einschiffige *Oratorio dell'Assunta,* faszinieren uns unter dem Tonnengewölbe (1585) das weiße Stuckwerk und die kunstvoll bemalte Orgelempore (17. Jh.). *Corso Umberto I*

S. Maria del Soccorso auf dem Felsplateau Forìos

S. Maria di Visitapoveri

Hinter einem intim wirkenden Vorhof verbirgt sich die fürwahr hübscheste Barockfassade in Forìo. Sie gehört zu S. Maria di Visitapoveri, dem Sitz der gleichnamigen Erzbruderschaft für »Armenbesuche«, dicht an der Seite von S. Francesco d'Assisi. Unten ist die vordere Außenfassade ganz schlicht, nur von der peperingerahmten Eingangstür und zwei Fenstern durchbrochen. Über der Sonnenuhr erhebt sich dann ein Glockenstuhl mit zwei Glocken in den bogenförmigen Öffnungen. Seine schwungvollen Konturen sind von zwei zierlichen Fialen eingerahmt. Im Innenraum des alten Kirchleins (16. Jh.) herrscht eine fast mystische Stimmung. *Piazza del Municipio, meistens geschl., aber man kann sich an die Küster Amalfitano, Tel. 0 81 99 89 66, oder Castellaccio, Tel. 0 81 99 84 62, wenden*

S. Vito

Inmitten des alten Ortsteils S. Vito wurde schon frühzeitig die dem Schutzpatron Forìos geweihte Kirche errichtet (erheblich umgebaut im 16. und 18. Jh.). Zwei Glockentürme umrahmen die an sich ruhige Barockfassade. Auch hier sind die ischitanischen Maler Calise und Di Spigna mit mehreren Bildern vertreten. Ein Prachtstück ist die Silberstatue des Heiligen, ein Werk Sammartinos (18. Jh.).

MUSEEN

Museo Contadino d'Ischia

Das 1993 eröffnete Bauernmuseum ist der traditionellen landwirtschaftlichen Kultur der Insel, dem Weinbau und der Weinher-

stellung gewidmet. *Mo–Fr 9–18 Uhr, Eintritt frei, bei Panza, an der SS 270 zwischen Forìo und Serrara Fontana, c/o Weinkellerei D'Ambra*

Museo Maltese im Torrione

In einem kargen Raum des für ein zukünftiges Heimatmuseum renovierten Wachtturms (um 1480 erbaut) sind bemerkenswerte Skulpturen und Grafiken des Heimatdichters und Künstlers der Jahrhundertwende Giovanni Maltese untergebracht. Eine Besichtigung ist möglich: *Juni–Sept. Mi–Mo 20.30–22.30, sonst nur Mo und Fr 15.30–17.30 Uhr, Via del Torrione*

Walton-Museum (108/C 2)

1985 rief Lady Susana Walton unter der Schirmherrschaft von Prinz Charles die William-Walton-Stiftung ins Leben und öffnete das Anwesen *La Mortella* für talentierte junge Musiker- und Komponisten-Stipendiaten. Am 15. September 1991 weihte Prinz Charles selbst das an die Villa anschließende hübsche Museum samt Konzertsaal ein. Alles erinnert an Leben und Werk des großen Komponisten: Büsten, Porträts und Fotos von Walton (geschaffen von Künstlern aus seinem Freundeskreis – darunter auch ein Gemälde des Prinzen Heinrich von Hessen, der sein Atelier bis 1991 in der Nähe hatte); seine Ehrendoktordiplome und die 1967 von Königin Elisabeth II. unterzeichnete Verleihungsurkunde des Verdienstordens; Partituren, Bücher; persönliche Habseligkeiten – von Pfeife bis Spazierstock –; sein beim Komponieren benutztes Bechstein-Klavier. (Im September findet hier eine *Phil-*

harmonische Woche statt.) Sogar das komplette Bühnenmodell mitsamt Kostümen für das 1983 an der Mailänder Scala aufgeführte Waltonsche Ballett-Divertimento »Façade« ist im Saal aufgestellt. Man kann Walton-Andenken in reichlicher Auswahl im benachbarten Tea-Room-Shop kaufen. *Ostern–Sept. Di, Do, Sa 9–19, Okt. Di, Do, Sa 9–18 Uhr, Nov. bis Ostern geschl., im Ortsteil Zaro, Eintritt 10 000 Lit*

BARS/CAFÉS

La Maria
Nach dem Tod der legendären Maria Senese (gestorben 1979) wechselte das ehemalige Künstlercafé nicht nur den Besitzer, sondern auch sein Flair. Die von den Gästen gestifteten Bilder sind verschwunden. Geblieben sind nur die weniger wertvollen Ausstellungsplakate, mit denen die Decke beklebt ist. Einrichtung und Atmosphäre sind prosaisch nüchtern geworden und passen zum Charakter der schlichten Kneipe. Tip: Lieber abends kommen und auf der Terrasse das gute Eis genießen. *Corso Umberto I*

Mimi Bar
In dieser Cafébar gibt es auch zwei Kabinen (mit Gebühren-zähler) zum Telefonieren. *Piazza Medaglia d'Oro (Balsofiore) 3*

EISDIELE/TEESTUBE

La Mortella
★ ⚑ Auf einer Veranda im indischen Kolonial-Look kann man inmitten des Prachtgartens auch auserlesene englische Teesorten oder erfrischendes Obstsorbet genießen, sogar echten Plum-cake gibt es. Gönnen Sie sich eine verdiente Verschnaufpause nach Gartenspaziergang und Museumsbesuch! *Teestube im Ortsteil Zaro*

Stany & Elio
Das beste Obsteis im Umkreis von Forìo! *Via G. Castellaccio 35*

RESTAURANTS

Il Cacciatore
⚑ Große offene Terrasse am Hügel mit weitem Blick auf das Meer in ländlichem Ambiente. Hier zergehen Aussicht und *linguine* (schmale Bandnudeln) mit Scampi auf der Zunge. *In Panza (oberhalb von »Da Leopoldo«), Mo geschl., Tel. 0 81 90 70 36, Kategorie 3*

Lo Chef
⚑ Restaurantterrasse oberhalb der Poseidongärten mit Blick

»Deutscher Kaffee und Kuchen«

Diese Inschrift begrüßt Sie überall auf der Insel. Damit will man dem deutschen Touristen entgegenkommen. Tja, wenn Sie den kräftigen Espresso und den cremigen Cappuccino gar nicht mögen… Und in Sachen Kuchen wird die Wahl ohnehin zur Qual, so reich ist das Sortiment. Statt »Tiramisù« können Sie im Hafen von S. Angelo sogar »Saltamisù« bestellen. Aber Vorsicht, das schmeckt köstlich, heißt aber wörtlich übersetzt: »Spring mir an den Hals«!

auf Forìo und Epomeo. Gepflegtes Lokal mit exzellenter Küche. Tip: Vor Sonnenuntergang ankommen. (Steile und enge Anfahrt!) *In Panza, Tel. 0 81 90 75 60, Mo geschl., Kategorie 2*

Epomeo

Schlichtes, preiswertes Pizzeria-Restaurant im Ortskern. Besonders gut die Lasagne, Cannelloni oder Crêpes (mit Spinat- und Quarkfüllung) – alles ist hausgemacht! Deutsches Bier vom Faß. *Piazza Pontone 7, Tel. 0 81 99 72 07 Di geschl., Kategorie 3*

Gran Diavolo

Hügellage. Man tafelt auf der Terrasse oder im Tuffsteinkeller und bestellt nach guter Bauerntradition gegrilltes Lammkotelett oder Hähnchen *alla diavola* (feurig gewürzt!). *Via Bocca, Tel. 0 81 98 92 82, Mi geschl., Kategorie 3*

Da Leopoldo

Ein uriges Abendlokal wie im Märchen. Man sitzt in der Gartenlaube. Antik-Ramsch trägt zur Stimmung bei: Die Tischplatten liegen auf ausgedienten Nähmaschinengestellen, die Rückenlehnen sind aus Metallbettenden. Märchenhaft gut: *rigatoni* (geriffelte kurze Nudeln) mit Mozzarella, Parmesan und *friaschelli* (Minitomaten). *In Panza, Via S. Gennaro, Tel. 0 81 90 70 86, Mo geschl., Kategorie 3*

Da Peppina di Renato

Bepflanzte Terrasse in den Weinbergen mit Meerblick. Rustikale Trattoria für Insider. Hier sind Nudeln tabu, dafür sind Renatos saftige *bruschetta* und sein hausgemachter *prosciutto all'osso* (Schinken am Knochen) unschlagbar. *Via Bocca 23, Tel. 0 81 99 83 12, Mi geschl., Kategorie 3*

La Romantica

Gediegenes Lokal am Hafenbecken. Romantische Stimmung am Abend bei Kerzenschein. Frische Hummer aus dem Bassin. Küchenchef Francos Herbstrenner: *tagliatelle ai funghi* (Bandnudeln mit frischen Steinpilzen)! *Via Marina 46, Tel. 0 81 99 73 45, Mi geschl., Kategorie 2*

Zi' Carmela

Hier können Sie auch ausgefallene Gerichte bestellen. Haben Sie schon mal *risotto afrodisìaco* probiert (aphrodisischer Wildreis mit Austern, Lachs, Garnelen und einem Hauch Trüffeln)? *Via Cava delle Pezze 27, Tel. 0 81 99 72 43, Mo und Di geschl., Kategorie 2*

EINKAUFEN

Ceramiche La Madonnella

Costantino ist 1990 aus S. Angelo hierher gezogen. Seine Keramikspezialität: große Teller mit Obst-, Blumen- und Vogelmotiven. *Via Verde 32*

Le Ceramiche di Taki

Takis Werkstatt und Ausstellungsräume befinden sich im Untergeschoß des Hauses. Originell: braune Teller in Tonfarbe, grün besprenkelt. Preiswertes Geschenk: Majolika-Fliesen mit Namen und Hausnummern, auf Bestellung mit einer Woche Wartezeit (zwischen 30 000 und 70 000 Lit). *Via Mazzella*

Clio Gold

Alter Schmuck, exklusive Juwelen mit Brillanten und Edelsteinen. *Piazza Medaglia d'Oro*

Iris

Eine versteckte Modeboutique für die sportlich-elegante Dame. *Corso Umberto I*

Le Maioliche di Franco Calise

★ Franco ist ein origineller Künstler und der Familientradition würdig. Man kann ihm bei der Arbeit zusehen. Seine besten Stücke sind Wandbrunnen und hängende Blumenvasen mit Obstarrangements »zum Anbeißen«, Wandleuchter mit Weintrauben und »geflochtene« Obstkörbe, gefüllt mit Granatäpfeln oder Feigen. Spitzenqualität und Individualität. *Via M. Verde 27*

La Meridiana

Ministube mit Bric-à-Brac-Ware. *Piazza Medaglia d'Oro 8*

HOTELS

Luxushotel
(ab 300 000 Lit)

Grande Albergo Mezzatorre

★ ❧ Diese Nobelherberge mit Schick und Charme im einstigen Sarazenenturm liegt isoliert auf einem Felsvorsprung am Meer und ist die richtige Erholungsstätte für den anspruchsvollen Gast. In den geschmackvoll eingerichteten Zimmern und Suiten gibt es Klimaanlage, Minibar, Safe und Farb-TV. Thermal-Hallenbad und Swimmingpool gehören ebenso zum Haus wie Möglichkeiten zu Windsurfing, Wasserski, Tennis und Boccia. Gut ausgestattete Kurabteilung (Physio- und Seetherapie, Körper und Gesichtspflege). Hubschrauber-Landeplatz! Behindertengerecht. *57 Zi., Via Mezzatorre, Tel. 0 81 98 61 11, Fax 0 81 98 60 15*

Kategorie 1
(ab 150 000 Lit)

La Bagattella

Rosa-weiße Villa, in hübschem maurischem Stil gebaut. Ein echtes »hideaway« mit nostalgischem Touch, in einen exotischen Garten eingebettet. Meeresnähe, doch einen Meeresblick hat man nur vom Bullauge über dem Bett im Zimmer »Luna«. Im Garten gibt es einen Swimmingpool und einzelne Apartmentwohnungen. Behindertengerecht. *52 Zi., Via Cigliano, S.-Francesco-Strand, Tel. 0 81 98 60 72, Fax 0 81 98 96 37*

Paradiso

❧ Modernes Hotel am Hügel mit architektonischem Pfiff. Zur großzügigen Anlage (30 000 qm Gelände) gehören Zwei-, Drei- und Vier-BettApartments mit eigenem Eingang aus dem gepflegten Garten. Thermalabteilung mit Swimmingpools (zwei davon im Freien), Bäder mit Unterwassermassagen, Fango, Inhalationen, Aerosol, Sauna und Physiotherapie. Gute Küche. Die Anlage ist ideal für den Familienurlaub mit Kindern! *48 Zi., Via S. Giuseppe 10, Tel. 0 81 90 90 44, 0 81 Fax 90 79 13*

S. Leonardo

❧ 130 m hoch über dem Meer, in isolierter Lage gebautes Panoramahotel. Einfache Zimmer mit Fichtenholzmöbeln (Zimmer 203–206 mit großer Terrasse), alle nur mit Dusche. Großer Meerwasser-Swimmingpool mit Super-Blick gen Westen, Thermalhallenbad, Badebucht. *70 Zi., Bei Panza, Via S. Gennaro, Tel. 0 81 90 79 74, Fax 0 81 90 90 27*

Kategorie 2
(ab 100 000 Lit)

Parco Maria

Eines der wenigen ganzjährig (außer Januar) geöffneten Hotels auf der Insel. Die hübsche, von Tropenpflanzen umgebene Hotelanlage besteht aus mehreren Gebäuden (Kurabteilung mit zwei Thermal-Swimmingpools, Friseur, Restaurant, Pianobar und Disko). Schönheitspflege und Diätkuren! Behindertengerecht. *65 Zi., bei Citara, Via Provinciale Panza 212, Tel. 0 81 90 90 40, Fax 0 81 90 91 00*

Zaro

◁▷ Dieses kinderfreundliche Haus liegt oberhalb des S.-Francesco-Strands. Großer Süßwasser-Swimmingpool; 30 °C-Thermal-Schwimmbad und Planschbecken für die Kleinen. Tip: Zimmer 60, mit Blick auf Zitronengarten und Meer. *48 Zi., Via Tommaso Cigliano 85, Tel. 0 81 98 71 10, Fax 0 81 98 93 95*

Kategorie 3
(ab 90 000 Lit)

Citara

◁▷ Ein ruhiges, schlichtes und kleines Hotel, das ganz in der Nähe der Poseidongärten liegt. Alle 53 Zimmer haben einen Balkon sowie Meerblick. Kein Swimmingpool, dafür gibt es aber ein Solarium. Nur 100 m zum Citara-Sandstrand. *In Citara, Via Giovanni Mazzella 118, Tel. 0 81 90 71 01, Fax 0 81 90 80 43*

FERIENWOHNUNGEN

Immobiliare Verde, Via Lavitrano 9, Tel. 0 81 99 70 08, Fax 0 81 99 79 09

THERMALPARK

Poseidongärten

★ ◁▷ So schafft man aus einer wilden Felsenwüste das wahre Paradies – dank der Heilkraft der legendären Citara-Quellen und der (von viel Geld unterstützten) menschlichen Phantasie. Zwischen einer langgestreckten Tuff-Felswand und dem seidigen Sandstrand zieht sich in bunter Blumenpracht eine märchenhafte Terrassenanlage hin: das Thermal-Nonplusultra auf ganz Ischia – seit Ende der 60er Jahre in deutschem Besitz. Erst brachte sie Dr. Kuttner aus München zur Blüte, seit 1984 ist Anton Staudinger aus Niederbayern der Hausherr. 17 Thermal-Freibecken und drei Hallenbäder liegen auf dem Grünareal von 55 000 qm, umgeben von Palmen, Oliven, Kiefern, Kakteen, Oleander, Agaven, Stechpalmen. Unter fachlicher Betreuung werden hier Arthritis, Arthrosen, Rheuma, Bronchitis, Neuralgien, Kreislaufstörungen, Frauenkrankheiten kuriert und gelindert. Bädertherapie zur Nachbehandlung von Knochenbrüchen und bei Schäden des Bewegungsapparats. Natürlich gibt es hier die vertraute Kneippanlage, Massage- und Inhalationsräume, Fango- und Sandbäder und Kosmetik. Self-Service für Mittagsimbiß oder Kaffeepause, Weingrotte neben den Saunagrotten – alles für Gesundheit, Wohlbefinden, Entspannung. Kuren ohne Kurstreß! *Tageskarte: 40 000 Lit (inkl. Kabinen- und Saunabenutzung, Sonnenschirm, Liegestuhl). Halbtagskarte ab 12.30 Uhr: 35 000 Lit. Mitte März–Ende Okt. tgl. 8 bis 19 Uhr, Tel. 0 81 90 71 22*

Bade- und Sonnenfreuden am beliebten S.-Francesco-Strand

SPIEL UND SPORT

Strände (nördlich von Forio):
Besonders kinderfreundlich ist
🚶 *Spiaggia di San Francesco.* Der
1 km lange Sandstrand erstreckt
sich südlich von Punta Caruso bis
zum weniger feinen, unruhi-
geren und leider nicht ebenso
sauberen *Chiaia-Strand.* Liegestühle und Sonnenschirme zum
Ausleihen bei den sechs kleinen
Badeanstalten (auch Restaurant-
service).

Strände (südlich von Forio):
Schöner und gepflegter kann
man sich einen Sandstrand gar
nicht vorstellen: Die 2 km lange,
feinsandige *Spiaggia di Citara*
breitet sich unterhalb der Poseidongärten aus. Man kann in der
Bucht bis zu den vorgelagerten
Felsklippen hinausschwimmen
und sich dort in angenehm entspannt sonnen *(Eintritt nur mit
der Tages- oder Nachmittagskarte des
Thermalparks: 40 000 bzw. 34 000*

Lit). An den *Citara*-Strand
schließt sich nördlich der öffentliche *Cava-dell'Isola*-Strand an.

Boccia, Segel- und Tauchschule
Auskunft beim *Circolo Nautico*
(Bootsverein), *Via Matteo Verde,
Tel. 0 81 99 84 34.* Außerdem beim
Ischia Diving Center im *Hotel Villa
Franca, Tel. 0 81 98 74 20*

Tennis
*Tennis Club, Via Matteo Verde 41,
Tel. 0 81 99 81 98; Tennis Club
Il Gattopardo, Via Mazzella, Tel.
0 81 90 71 91; Tennis dello Stadio,
Via Spinàvola, Tel. 0 81 99 71 34*

Windsurf-, Kajak- und Kanuschule
*Telefonische Information unter Tel.
0 81 98 19 43*

AM ABEND

La Meridiana
Pianobar und Restaurant in
einem, *direkt am S.-Francesco-
Strand.* Swing & Swim!

Moonlight

☯ ⚥ Die größte Disko in Forìo (200 Sitzplätze, Tanzfläche auch für 200 Leute!), mit Garten zum Luftholen und Flirten. *Im Juli und Aug. tgl. geöffnet (sonst nur Sa und So), Eintritt saisonabhängig zwischen 10 000 und 25 000 Lit, Lungomare*

Taverna Pulcinella

Hier gibt es vom 15. März bis zum 30. Oktober unter Teilnahme des Publikums Folkloreabende mit neapolitanischen Künstlern (Tanzgruppen und Liedsängern) auf der Bühne. *Dreimal die Woche (Di, Do, Fr) gegen 22 Uhr, Eintritt: 26 000 Lit, einschließlich Busservice zur Abholung aus den Ortschaften der Insel sowie Pizza und Wein, Via F. Calise (Punta Caruso), Tel. 0 81 99 84 23; Organisation und Auskunft in deutscher Sprache (sich direkt mit den Geschwistern Chiara und Thomas in Verbindung setzen) bei: Agentur Pithecusa Travel, Via A. De Luca 81 in Ischia Porto, Tel. 0 81 99 34 71*

Walton-Stiftung

Philharmonische Woche: Septemberberkonzerte im Museum der Walton-Stiftung. *Tel. 0 81 98 62 37*

Zi' Carmela

☯ ⚥ Schummrige Disko, Lieblingstreff der jeunesse dorée. Heiße Stimmung bei knallharter Disko-Musik (für Hungrige gibt's ein Restaurant im ersten Stock). *Eintritt: zwischen 15 000 und 25 000 Lit, Via Cava delle Pezze*

AUSKUNFT

Reisebüros: *Agenzia Citara, Via Marina 15, Tel. 0 81 99 80 20, Fax 0 81 99 77 81; Mattera, Piazza Medaglia D'Oro 10, Tel. 0 81 99 73 23, Fax 0 81 99 77 20*

ZIELE IN DER UMGEBUNG

Cuotto und Ciglio

❀ Es lohnt sich, von Forìo aus die Staatsstraße Nr. 270 südwärts zu nehmen. Sie führt vorerst am Westhang des Epomeo entlang, dessen wilde Naturschönheit besonders dann zur Geltung kommt, wenn die Sonne im Westen steht. Die Gegend wirkt sehr ländlich, sie ist größtenteils dem Weinbau gewidmet. Die erste Station ist das kleine Dörflein *Cuotto* (**114/C 2**). Es liegt genau oberhalb der Poseidongärten. Der Dorfplatz bietet sich als Belvedere an, mit Panoramablick von Punta Imperatore bis Forìo. Der Vulkanboden gab dem Dorf seinen Namen: Cuotto, d. h. »verbrannte Erde«. In Weingärten versteckte Restaurants bieten von ihren Terrassen eine schöne Sicht aufs Meer. Unweit von Cuotto zweigt rechter Hand der Weg zum ❀ Leuchtturm auf der Punta Imperatore ab. Man folgt aber der Straße weiter nach Osten, in Richtung *Ciglio* (**115/E 3**). Vor dem nächsten Abzweig bei Battaglia (er führt südwärts nach Panza) kann man einen kurzen Halt bei der links liegenden Villa *Piromallo di Montebello* machen. Als roter Farbtupfer lugt der zinnengekrönte Turm des herrschaftlichen Hauses aus dem Grün des ausgedehnten Weinguts. Die Villa ist in Familienbesitz, man kann aber einen diskreten Blick in die Hauskapelle werfen und die dicht von Bougainvilleen bewachsene Fassade aus der Nähe bewundern (ein kurzer Fußweg führt dorthin). Mit scharfem Auge erspäht man von der Straße her schon einige der in Tuffsteinblöcke gehauenen uralten Behausungen am Epomeohang, obwohl sie sich mimikryhaft in die Landschaft einfügen. Wenn wir aber das Winzerdorf *Ciglio* (Augenbraue) erreicht haben, springt uns kraß in die Augen ein beachtlicher  »Troglodyten«-Wohnsitz, auf dem kühnen Felsvorsprung in den Tuffblock gehauen (gegenüber dem Haus mit der Nr. 41). Freilich wohnten dort keine Höhlenmenschen. Nur im örtlichen Wortgebrauch wird dieser Ausdruck gern für naive Touristen benutzt. Schaut man über den steilen Abhang – besät mit dicken Felsbrocken, die vom Epomeo herabgestürzt sind – zu Ischias Südküste hinunter oder in Nordrichtung hinauf zur eindrucksvollen Tuffstein-Felsenspitze *(Pietra Martone* genannt), so begreift man, warum das dazwischenliegende Dörflein einen so zutreffenden Namen erhalten hat.

Von Ciglio kann man der Staatsstraße in Richtung Serrara Fontana folgen oder die parallele Landstraße nehmen, die sich in Serpentinen bergabwärts windet und dann nach Westen schwenkt, um zum südlichsten Ortsteil Forìos, *Panza,* zu gelangen.

Panza (115/D 4)

Nirgendwo auf Ischia sind die Traditionen des bäuerlichen Lebens so tief verwurzelt wie in der Gegend von Panza. Auch heute begegnet man auf den Straßen oder dem belebten Dorfplatz schwarz gekleideten, stämmigen Bäuerinnen, die mit scheinbarer

Auf dem Weingut Fratelli D'Ambra in Panza genießt man gern die eigenen Tropfen

Leichtigkeit volle Obstkörbe auf dem Kopf balancieren – denn der Esel, Freund des Bauern, darf ja nicht überladen werden.

Berühmt war Panza schon immer für die Wachteljagd und für den besten Wein auf Ischia. Die älteren Bauern sprechen noch den örtlichen Dialekt, der im Klang seiner Worte vielfältige historische Einflüsse – vom Altgriechischen bis zum Spanischen – durchschimmern läßt. Aus dem Ortsnamen Panza könnte man auch auf die ausgeprägten gastronomischen Neigungen der Bevölkerung schließen (im Dialekt *panza* = pancia = Bauch). Die schönste Berühmtheit Panzas ist die *Sorceto-* oder *Sorgeto-Quelle* (aus *sorgente* = Quelle), d. h. deren  malerische Lage in der Felsenbucht von *Chiarito.* Der Blick von oben verschlägt den Atem, wenn man über den schwindelerregenden Steilabfall zum Meer hinabschaut. Das warme Heilwasser sprudelt in Ufernähe unter dem Meeresspiegel hervor. Wer darin baden will, muß eine nicht zu unterschätzende, steile Treppenflucht hinuntersteigen – ganz zu schweigen von dem Herauf danach! Für Rheumakranke nicht gerade das Ideale. Dennoch: Auf einem Felsplateau und im seichten Wasser aalen sich entspannt die – von oben her gesehen – nur froschgroßen Halbnackt-Figuren. Couragiert sind die Leute auf jeden Fall, denn wegen Steinschlaggefahr ist der Aufenthalt unten eigentlich tabu.

S. Maria del Monte (109/E 6)

★ ☙ Auf den Epomeo-Gipfel (787 m) kann man auch von Forìo aus hinaufklettern, doch ist der Weg von Fontana aus wesentlich kürzer. Die Ausflugsstrecke ab Forìo in Richtung Epomeo endet bei der Einsiedelei *S. Maria del Monte* (409 m), um nicht allzu anstrengend zu sein. Die Wanderung dauert ca. anderthalb Stunden. Sie führt zum höchstgelegenen Weinbaugebiet am steilen westlichen Epomeo-Hang hoch, durch karges, felsiges Gelände, das seinen besonderen rauhen Charme hat und herrliche Weitblicke zum Meer hin, in Richtung Forìo, gewährt. Man startet (mit festem Schuhwerk!) über die *Via Pellero* südwärts bergauf, biegt nach der Tankstelle links ab, beachtet das Schild *Ristorante Bellavista.* Bei einer Tischlerwerkstatt *(falegnameria)* wieder eine Linkskurve, dann geht es zwischen Weingärten weiter bis zum Ristorante *Valle Verde.* Danach kommt ein Linksabzweig (nicht verpassen!). Linker Hand, am Abhang, eine imposante Tuffsteinpyramide, die mittendurch – wie von Geisterhand der Natur – in zwei Teile gespalten ist. Der Pfad führt jetzt gen Norden. Links hat man den ☙ Panoramablick auf die Küste, von Punta Imperatore bis San Francesco. Am Wegrand steht eine Christusgestalt in weißem Gewand. Danach wird der steinige Lehmpfad immer unbequemer. Am Berghang: einzelne Bauernhäuser und Weinterrassen. Dem steilen Pfad folgt man nun bis zum Tuffsteinhaus Nr. 20 (von dort schwebt der Blick den Epomeo-Hang entlang bis zur hellen Visconti-Villa hinter Punta Caruso). Unter einem Bogen klettert man hoch nach rechts, zwischen *Casetta Carmelina* (Nr. 18) und *Grotta Mauro* (ein mit Majoliken verziertes, in den Tuffelsen hineingebautes Haus), in Richtung der weißgetünchten Kirchkuppel, die schon zum Greifen nahe ist. Das schlichte Kirchlein selbst ist eine Tuffstein-Rotunde. (Hier findet jeweils am 12. September eine feierliche Prozession mit Gottesdienst und Festtagsschmaus statt.) Man geht oben um die Kuppel herum, um dann treppabwärts zu der malerisch-primitiven kleinen Weinbauernsiedlung zu gelangen. Das Winzermotto im Forìo-Dialekt ist: *Il primo che biage – il primo che trace* (Wer auf ersten Blick gefällt, auch das erste Glas erhält). Allerdings ähnelt der gastfreundlich angebotene Hauswein in dieser Höhenlage eher einem Krätzer. Dafür sind aber die zwischen die Rebstockreihen gepflanzten kleinen Tomaten süß wie Zukker. Der direkte Kontakt mit den ✹ Einheimischen, sie in ihrem ländlichen Zuhause und in ihrem unverfälschten Ambiente zu erleben, ist wirklich eine anregende menschliche Erfahrung.

Felsennest ohne Motorengeknatter

Vom Fischerdorf zum Ferienparadies

Egal, ob wir aus Richtung Panza oder Serrara mit dem Wagen die steile Straße hinunterkurven: Das Auto muß am Ortseingang auf dem Parkplatz abgestellt werden – vorausgesetzt, es findet sich eine Parklücke. *S. Angelo* (**115/F 6**) ist eine wahre Ruheoase ohne Motorengeknatter. Es gibt auch keine Wege in diesem Felsennest, die für ein anderes Verkehrsmittel geeignet wären als die »pedes apostolorum«, seit die Esel mit bunten Decken auf den Sätteln rar geworden sind. Kommt man zum ersten Mal in das Fischerdörflein, oder gehört man zu den eingefleischten Habitués: Alle Herzen schlagen höher, wenn die Busensilhouette des meerumspülten, grün bewachsenen Tuffhügels am Hafeneingang auftaucht. Erzengel Michael wählte auch hier den höchsten Punkt für sein Erscheinen aus, wie überall in den einschlägigen Legenden. Ihm ist die kleine Kirche am idyllischen

Friedhof geweiht. Ebenso verweist der Ortsname S. Angelo (= hl. Engel) auf ihn. Das Dorf entstand aus zwei Siedlungen: einer unterhalb der Kirche und einer am Fuß des halbinselartigen Tuffkegels. Beide verbindet eine gut begehbare Landenge, an die sich die Hafenmole schmiegt.

Bräunlicher Sand, bunte Boote und Barken, weiße Yachten, blaues Meer. Von Zeit zu Zeit nähert sich ein Ausflugsschiff dem Anlegeplatz. Dann herrscht quirliges Treiben in den Cafés und Boutiquen auf dem kleinen Platz und in den Gäßchen. Am äußeren Ende des Sandstreifens zwischen Felsenwand und Meer verbirgt sich ein Verandarestaurant. Nur Eingeweihte wissen, was für eine frische Fischsuppe hier Signora Teresa den Gästen auftischt: Sie bleibt an Gourmetwert beileibe nicht hinter der bekannteren Bouillabaisse zurück.

In wenigen Jahren hat sich das bescheidene Fischerdorf zu einem hochwertigen Ferienort gemausert, ohne dabei seinen ursprünglichen Charme zu verlieren. Kleine Häuser mit ihren bogenförmigen Fensternischen,

Zwölf Thermalschwimmbecken bietet der paradiesische Aphrodite-Apollon-Park

Erkern, Terrassen, stufenweise übereinander an den Felsabhang gebaut, ineinander verschachtelt, als wären sie kubistische Bauklötze im Kinderzimmer. Weiß, Hellblau, Zartrosa, Ockergelb sind die dominierenden Farbtöne an den Fassaden. Sie passen harmonisch zueinander und zu den Felswänden der Uferlinie, die stellenweise so aussehen, als hätte sie ein Riese mit seiner Axt zerschlagen. S. Angelo gehört verwaltungsmäßig eigentlich zu Serrara Fontana, einige seiner Ausflugsziele liegen sogar bei *Barano d'Ischia.* Wir möchten aber nicht bürokratisch vorgehen, sondern S. Angelo – nicht ohne Grund – als ein »Muß« in den Mittelpunkt des Interesses rükken. Nirgendwo auf Ischia gibt es so stark radonhaltige Heilwässer und -dämpfe wie hier. Die Thermalgärten *Aphrodite-Apollon* und *Tropical* sind ein Kur- und Erholungsparadies sondergleichen. Fumarolen gibt es in rauhen Mengen, vom *Olimpus-*Thermalbad bis zum *Maronti-*Strand. Vorsicht: sich nicht die Füße im heißen Sand verbrennen – lieber Holzpantinen tragen!

Und dann das herrliche Baden im klaren Meer! Die beliebten Heilquellen von *Cava Scura, Olmitello* und *Nitrodi* haben alte römische und bäuerliche Tradition und ein ganz besonderes Ambiente. Die romantisch wilden Schluchten, in denen diese Quellen ans Tageslicht kommen, sind ein besonderes Merkmal der Gegend. Die Naturkräfte haben damit die Südflanke des Epomeo-Massivs tiefgehend markiert. Just an der Meridianlinie S. Angelos thront im Norden, die ganze Insel überragend, der Gipfel des Epomeo, Ischias unverkennbares Wahrzeichen.

BESICHTIGUNG

Aragoneserturm

Vom Wachtturm aus der Zeit der spanischen Herrschaft und von der Kaserne der französischen Besatzung unter Murat ist nur noch eine Ruine übriggeblieben, seit die englische Flotte Admiral Nelsons im August 1808 mit einer gut gezielten Kanonade das im Turm untergebrachte Pulvermagazin in die Luft jagte. Dennoch lohnte sich die Strapaze, den steilen Pfad bis zur Spitze (104 m) des Tuffkegels hochzukraxeln. Dieser trägt unverändert seinen spanischen Namen La Roja. Mit dem Meer im Rücken genießt man dort, wie aus der Vogelperspektive, den Ausblick nicht nur auf S. Angelo und den Maronti-Strand, sondern auf Dörfer, Felsen und Erosionsschluchten am Bergabhang. Die ganze bezaubernde Landschaft liegt einem zu Füßen. Und der Epomeo hebt sein Haupt zum Himmel. Leider ist der Aufstieg seit einiger Zeit bis auf weiteres untersagt.

KIRCHE

S. Michele

★ ⚜ An der Via S. Angelo, einem Weg mit hübschen Villen und einem entzückenden Panorama, steht am Berghang neben dem Hotel San Michele die gleichnamige Kirche. Sie hat einen besonderen Charme mit ihrer hellgetünchten, fast klassischen Barockfassade, dem byzantinisch anmutenden Glockenturm und dem schlichten Inneren. Wenn es dunkel geworden ist, schauen Sie doch in den intimen Kirchhof hinein. Wie vielerorts in Italien bekennen die Angehörigen die Verbundenheit mit ihren Toten mit roten Lämpchen auf jedem Grab. Es heißt, S. Angelo liege an der Grenze des Paradieses – hier hat man den Eindruck, sie fast überwunden zu haben.

BAR/CAFÉ

Neptunus

⚜ Die kleine Panoramaterrasse am Ortseingang über dem Meer lädt tagsüber zur Kaffeepause, abends zum herrlichen Sonnenuntergang ein. *Via Chiaia delle Rose*

RESTAURANTS

Il Bracconiere

⚜ Urige Trattoria im Jagdhüttenstil in den Bergen. Unter dem Reetdach oder im Freien genießt man an Holztischen *rigatoni alla bracconiera* (geriffelte Nudeln mit Tomaten-Pilz-Mozzarella-Sauce) sowie den Weitblick aufs Meer und auf Panza. *Tgl. geöffnet, in Serrara Fontana, Via Falanga (Richtung Bocca di Serra), Tel. 0 81 99 94 36, Kategorie 3. Vor dem Ortseingang von Serrara: erster Abzweig von der SS 270 bergauf, vorbei am Friedhof (kein Schild – Vorsicht: nicht die Via Calimera nehmen!). Beim roten Briefkasten (Nr. 47) rechter Hand einbiegen, dann weiter bergauf.*

La Conchiglia

⚜ Schlichtes Lokal im Ortskern. Hier kann man preiswerte (ab 25 000 Lit) Fischgerichte bekommen. Abendtip: Sichern Sie sich einen Tisch auf der kleinen Terrasse über dem Meer. *Tgl. geöffnet, Via Chiaia delle Rose 3, Tel. 0 81 99 92 70, Kategorie 3*

Franceschino

⚜ Außen prägen weißer Tuff- und schwarzer Lavastein das Gebäude. Außerdem eine große bepflanzte Veranda mit Holzdecke. Sehr stimmungsvolles Ambiente. Der kulinarische Höhepunkt sind *linguine allo scoglio* (schmale

Bandnudeln mit Meeresfrüchten). Leider direkt an der SS 270 – dafür schöner Blick nach S. Angelo und Monte Cotto. *Mo geschl., in Barano, Via C. Buono, Tel. 0 81 99 03 96, Kategorie 3*

Il Girasole

◁▷ Die High-Snobiety zieht es nach dem Kuren oder Schwimmen in dieses smarte Terrassenrestaurant. Leider hat der Snob-Appeal inzwischen auf das Personal abgefärbt. Empfehlenswert aber: die Fischgerichte und der wunderbare Blick Meer und Maronti-Strand. *Nur vom Strand aus oder mit dem Taxiboot erreichbar. Tgl. geöffnet, Mai–Sept., Casa Petrella, Tel. 0 81 99 92 97, Kategorie 2*

Mamma Mia

◁▷ Täglich frische Fische bei Giacchino und Monica. Deutsche Gäste mögen die preiswerte Hausmannskost der beiden. Von der Terrasse schöner Blick aufs Meer. *Via S. Angelo 62, Tel. 0 81 99 92 73, Kategorie 3*

Peppino

◁▷ Peppinos Schwiegertochter Teresa kocht die beste Fischsuppe auf Ischia: nur frische Mies- und Venusmucheln, Scampi, Tintenfische und Drachenköpfe. Ein Muß für Fischgourmets! *Tgl. geöffnet, Via Sauro 26, Tel. 0 81 99 92 83, Kategorie 2*

Dal Pescatore

Modern eingerichtetes und preisgünstiges (ab 20 000 Lit) Lokal am Hafen. Tip für den kleinen Hunger: Mozzarella mit Ei überbacken. Wer Zeit hat, bestelle *risotto alla pescatora* (mit Garnelen, Mies- und Venusmucheln). Die schönsten Plätze:

draußen unter dem Gewölbe. *Di geschl., am Hafen, Tel. 0 81 99 92 06, Kategorie 3*

EINKAUFEN

La Caprese Più

Der exklusivste Modetempel in S. Angelo. Für die Frau mit Schick (zwischen 350 000 und 1 300 000 Lit). *Piazza O. Troia*

Jolly Boutique

Aparte Strickwaren, mit Straß und Pailletten bestickt. *Am Hafen*

Il Pirata

Keramikladen mit Eigenproduktion. Farbenprächtig die rot-blauen Teller, Vasen und Krüge. Für bestellte Majolika-Kacheln vier Tage Wartezeit. *Piazza O. Troia*

HOTELS

Kategorie 1
(ab 210 000 Lit)

Parkhotel Miramare

◁▷ Renoviertes Haus über dem Meer in Hafennähe. Herrlicher Blick Richtung Maronti-Strand. Elegantes Restaurant, Salonbar mit schönem Majolika-Fußboden und gemütlichen Sitznischen. Hübsch eingerichtete Zimmer. Direkter Zugang zum Privatstrand, Tennisplatz. (Ruhige, preiswertere Dépendance: *Villa Libica.) 45 Zi., Via Comandante te Maddalena 29/33, Tel. 0 81 99 92 19, Fax 0 81 99 93 25*

Kategorie 2
(ab 180 000 Lit)

San Michele

◁▷ Ruhige, distinguierte Herberge neben der Kirche. 13 Zimmer mit Blick auf den Maronti-Strand. Großer Swimmingpool. *40 Zi., Via Sant'Angelo 60, Tel. 0 81 99 92 76, Fax 0 81 99 91 49*

Kategorie 3
(ab 140 000 Lit)

La Palma

Ein kleines, verträumt-verwinkeltes Hotel gleich oberhalb des Hafens. Moderne Zimmer. Freier Eintritt zum *Tropical*-Thermalpark. *30 Zi., Via Comandante Maddalena 15, Tel. 0 81 99 92 15, Fax 0 81 99 95 26*

Parco Smeraldo Terme

❀ Einziges Hotel am Maronti-Strand. Swimmingpool im Freien. *65 Zi., Via Maronti 29, Tel. 0 81 99 01 27, Fax 0 81 90 50 22*

Romantica Terme

❀ Ruhige Berghanglage inmitten eines bunten Thermalparks. *98 Zi., Via Ruffano, Tel. 0 81 99 92 16, Fax 0 81 99 90 70*

San Raphael Terme

❀ Ein ruhiges, terrassenförmig angelegtes Haus Die meisten Zimmer mit Balkon (einige mit Blick auf S. Angelo). Thermalanlage, Swimmingpool. Vollpension. *36 Zi., in Testaccio, Via Maronti 5, Tel. 0 81 99 05 08, Fax 0 81 99 09 22*

THERMALGÄRTEN

Aphrodite-Apollon

★ ❀ Der bekannteste Thermalpark S. Angelos wird wegen der stark radonhaltigen Quelle mit Vorliebe von Rheumakranken aufgesucht. Zwölf Thermalschwimmbecken, einige sind von üppiger Vegetation umwachsen, alle mit wunderschönem Meer-

blick. Natürliche Schwitzgrotten, Fangopackungen, Spezialmassagen. Die Attraktion: ein großer, heißer Thermalwasserfall. Solarium mit eigenem Swimmingpool. Privatstrand. *Tel. 0 81 99 92 19, Tageskarte: 30 000 Lit, Halbtageskarte: 25 000 Lit*

Olimpus

Schlichte Thermalanlage am Maronti-Strand. Ein Hallenbad und drei Schwimmbecken im Freien. Imbißstube. *Via Maronti, Tel. 0 81 99 00 32, Tageskarte: 25 000 Lit, Halbtageskarte: 18 000 Lit*

Tropical

❀ Der neueste Thermalgarten auf einem Felsplateau am Ortseingang. Acht Schwimmbecken, Naturdampfbad, Sauna und was sonst alles zum Kurprogramm gehört. FKK-Liegeterrasse, Restaurant. *Tel. 0 81 99 92 42, Tageskarte: 30 000 Lit, Halbtageskarte 28 000 Lit (inkl. Wassergymnastik, Naturdampfbad, Pendelbus)*

SPIEL UND SPORT

Maronti-Strand

★ ❀☀⚐ Mit seinem fast 3 km langen Sandstreifen der ausgedehnteste Strand auf Ischia. Hier kann man noch bis in den Oktober hinein im Meer baden. Tip für *Tiramisù*-Süchtige: Bar *Di Iorio*

Strand des Aphrodite-Apollon-Thermalparks

Die Gäste dieser Thermalanlage können am kleinen Privatstrand in Fumarolennähe wohltuende warme Sandbäder nehmen.

Boccia

Am Maronti-Strand und auf dem 2. Parkplatz links vor dem Ortseingang

Tennis

Tennis Club Punto d'Incontro, Via Montagna 50/b, Tel. 0 81 90 18 81

Windsurfschule

Informationsbüro: Tel. 0 81 99 97 67

AM ABEND

Neptunus

❖✦ Abends verwandelt sich dieses Terrassencafé in eine stimmungsvolle Pianobar. *Via Chiaia delle Rose*

AUSKUNFT

Ufficio Informazioni

Via Chiaia delle Rose, Tel. 0 81 99 91 39 (auch für Serrara Fontana). Für Barano: Tel. 0 81 99 14 64, Fax 0 81 98 19 04. Angelo Tours, Tel. 0 81 99 95 95, Fax 0 81 99 90 91

ZIELE IN DER UMGEBUNG

Barano, Buonopane und Testaccio

❖ Der berühmte irische Philosoph George Berkeley (1685 bis 1753) verbrachte 1717 einige Zeit auf Ischia, suchte und fand Heilung in dem heute zu Barano gehörenden Dorf *Testaccio* (**117/D 5**). Zutreffender als Berkeley kann man die Landschaft bei Barano nicht beschreiben. Er spricht von der erstaunlichen Vielfalt einer romantisch durcheinandergewürfelten Mischung aus Hügeln und Tälern, Felsen und Schluchten, terrassenförmig angelegten Weinbergen und Obstgärten. Dank der Staatsstraße 270 ist *Barano* (**117/D 4**), Gemeindezentrum der umliegenden Dörfer, aus allen Himmelsrichtungen günstig zu erreichen. Es liegt etwa 200 m über dem Meer und hat ein

gut »durchlüftetes«, angenehmes Klima. Die ❖ Piazza San Rocco ist Mittelpunkt des Treibens. Geballt findet man dort alles, was Barano zu bieten hat. Vom Parkplatz sind es nur zwei Schritte zur Aussichtsterrasse: Davor liegen die ❖ Hügel bei Testaccio, darunter schimmert das Meer am Maronti-Strand. Am Rand einer Schlucht zeichnen sich die Silhouetten von Schirmkiefern gegen den Himmel ab. Hinter uns liegt die Apsis von *San Sebastiano,* der Pfarrkirche des Schutzpatrons. Der Kampanile und die Kuppel laden zur Besichtigung des hübsch in Weiß und Ockergelb gehaltenen Inneren ein, wo im Altarraum das Rad eines imposanten Kronleuchters der Kuppelwölbung Paroli bietet. Am oberen Ende schließt eine ebenfalls barocke Fassade die Piazza ab, die von *San Rocco.* Zwischen diesen beiden Heiligenstätten erstreckt sich stilgerecht die Front der ländlich-bescheidenen Familienpalazzi aus dem 18. und 19. Jh. Auf der schattigen ❖ Caféterrasse der Bar *Ferrari* schmeckt das Eis mit warmem *cornetto* (Hörnchen)! Vor bunten Obst- und Gemüsebergen wird über Gott und die Welt diskutiert, aber freilich auch über Preise verhandelt. Man braucht nur einen knappen Kilometer zurückzulegen, um ein ganz anderes Szenario an der Ortsgrenze von *Buonopane* (**117/D 3**) zu erleben. An der Straßenbrücke *Ponte di Buonopane* findet man das Hinweisschild zur Taverna *La Cantina.* Linker Hand führen einige Stufen hinunter zum grobsteinigen Pfad in der Schlucht der ★ ❖ *Nitrodi-Quelle.* Man folgt der typischen freiliegenden

Seinen Charme hat S. Angelo auch als Ferienmekka nicht verloren

Rohrleitung, in der das Heilwasser in dieser Gegend »frei Haus« geliefert wird, und bald hört man das Wasser plätschern. Unsere Gedanken kreisen um den Eros-Altar und den Apollo-Tempel, die einst in dieser wild-romantischen Talmulde standen. Ihre Reste sind im Nationalmuseum von Neapel aufbewahrt: Die hübschen Votivreliefs stellen die graziösen Nitrodi-Nymphen dar, wie sie tanzen, ins Wasser tauchen oder in Muscheln das Heilgetränk verteilen. Heute steht man Schlange, um unter die Dusche im Grottenkäfig oder an den Zapfhahn zu gelangen, denn nur diese spenden die

kostbare Flüssigkeit (25 °C). Die Tradition schreibt die sprichwörtliche Schönheit der Frauen von Buonopane dem Genuß und der kosmetischen Verwendung des Nitrodi-Wassers zu. Eine richtige Badeanstaltseinrichtung gibt es zwar nicht, wohl aber eine Sonnenterrasse und die Möglichkeit zu einer »Anti-Zellulitis«-Massage. Eine gemütlich-primitive Terrassenkneipe mit schönem Blick auf S. Angelo lädt an langen Holztischen unter der Weinlaube zu einer köstlichen *bruschetta* ein. Zum Mitnehm-Angebot gehören die aufgestellten Marmeladengläser: statt mit Mus mit *reiner Nitro-*

di-Tonerde gefüllt, »für die Gesichtspflege empfohlen« (zu je 10 000 Lit). Zum guten Brot *(buonopane)* und den schönen Frauen gesellen sich die feschen Männer, die in ihrem traditionellen Kostüm auf der Piazza von Buonopane zweimal im Jahr den strammen ✻🎎 'Ndrezzata-Tanz vorführen. Eine Reihe prächtiger Eukalyptusbäume säumt linksseitig die Straße, die von Barano nach Testaccio führt. Der ehemals selbständige Ort wurde schon zur Zeit der alten Römer für die Heilkraft seines *Schwitzkastens* geschätzt *(sudatorio* oder *stufa* genannt): eine Art natürliche Sauna mit schwefelhaltigem Dampf. Schon Plinius sprach davon. Von der Piazzetta geht der vom Vizekönig Corafà gebaute Fußweg – unweit der *S. Giorgio*-Kirche, des *Sarazenenturms* und der *Olmitello*-Quelle – zum Maronti-Strand hinunter. Heute benutzt man eher die neue Serpentinenstraße, die am Parkplatz endet.

Cava Scura (116/C 4–5)

★ Wer sich nicht damit begnügt, die düstere Romantik der Wolfsschlucht in Webers »Freischütz« auf der Bühne zu sehen, kann ähnliches in der wilden Schönheit der *Cava Scura* (dunkle Schlucht) »in natura« erleben. Sie erreicht das Meer am westlichen Ende des Maronti-Strands. Man kommt von dort aus kaum trockenen Fußes vor der Felswand durch, denn das Meer hat die Oberhand über den Sand gewonnen. Wer es bequem haben will, steigt im Hafen von S. Angelo in ein Taxiboot ein. Wir hingegen empfehlen eine etwa 45minütige Wanderung (mit solidem Schuhwerk!). Von den Aphrodite-Gärten folgt man ostwärts dem ausreichend gepflasterten Weg, vorbei an der *Casa Rosa* (linker Hand) mit ihren neu renovierten Sitzbädern und an der *Villa Libica* (rechter Hand). Es geht ↙↗ bergauf, bergab, aus dem Weg wird ein Lehmpfad, schließlich erreicht man den Tunneleingang (oberhalb des am Meer liegenden Hotels *Vittorio),* der in die Schlucht mündet. Plötzlich befindet man sich in der Unterwelt, wie am feuchten Ufer der Lethe, zwischen den beiderseitig steil hochragenden Tuffelsen. Wenn man in der Talsohle weitermarschiert, kommt man zu einem kleinen Thermalteich, dessen Badeanstalt 1988 instand gesetzt und wieder eröffnet wurde. Die eigentliche Kuriosität erreicht man noch weiter schluchtaufwärts. Hoch oben in die poröse Tuffsteinwand gemeißelt: eine Doppelreihe von individuellen Wannennischen, in die das heiße Heilwasser (86 °C) geleitet wird. Sie stammen nicht aus der Römerzeit, wie behauptet wird, werden aber von den Bauern seit Jahrhunderten benutzt. Daß die Anlage mit Hilfe von Zement modernisiert und mit Sonnenterrassen ergänzt wurde, verübeln Traditionalisten als »Verschandelung«. Tavernen bieten Getränke und gute Happen an.

Madonna di Montevergine (118/B 3)

Von Barano aus kann man die kleine Wallfahrtskirche des Dörfleins *Schiappone* (196 m) am bequemsten erreichen, wenn man bis *Molara* die Staatsstraße 270 nimmt. Man biegt dort, wo man das Restaurantschild *La*

Campagnola wahrnimmt, rechts in einen engen Weg ein. Schwierigkeiten gibt es dann ab der nächsten Gabelung. Links führt der sehr steil werdende Weg zum Kirchlein hinauf, doch diese restlichen 500 m legt man am besten zu Fuß zurück. (Nur routinierte Fahrer können das Risiko wagen.) Vom Vorplatz steigt eine Freitreppe zur Kirche (18. Jh.) empor, deren schlichte Barockfassade und deren Innenraum stilgemäß in Rosa und Weiß gehalten sind. Sie wurden 1991 in freiwilliger Arbeit von den ortsansässigen Handwerkern restauriert; für die Kosten spendeten die Gläubigen beim Marienfest am 8. September. 🔽 Blick in Richtung Epomeo. Im Tal und an den Abhängen sieht man die kleinen Häuser von *Molara* (**118/B 2**) und *Piedimonte* (**117/E 2**), sogar ein Zipfelchen Meer läßt sich erblicken. Eine niedrige weiße Mauer umgibt die Kirche, und man wird an das pittoreske Ambiente einer griechischen Insel erinnert. Wenige Schritte bergaufwärts befindet man sich zwischen Wein- und Gemüsegärten. Wanderwege führen ostwärts hinauf zum *Monte di Vezzi* (392 m) und südwärts zur steil ins Meer hinabfallenden Felswand 🔽 *Scarrupata* (**118/C 4**).

Serrara, Fontana und Epomeo

🔽 Den obligaten Aufstieg zum *Epomeo*-Gipfel (**110/A–B 5**, 787 m) unternimmt man am besten von *Fontana* (**116/B 2**) aus, denn die zu einer Doppelgemeinde vereinten Ortschaften *Serrara* (**116/A 4**, ca. 400 m) und *Fontana* (ca. 500 m) sind die höchstgelegenen auf Ischia. Kaum eine halbstündige Fahrt von der Küste, und schon

befinden wir uns in der schönsten Berglandschaft. Frische Luft, 🔄 unverfälschtes Bauernleben, alte ländliche Traditionen und im Lauf der Jahrhunderte kaum je veränderte Wohnstätten. Etliche zu Wohnungen ausgebaute Tuffstein-höhlen springen an der SS 270 ins Auge. Die hübscheste derartige Behausung findet man zwischen Fontana und Buonopane, unweit der Taverne *Tana del Coniglio.* An der weißgetünchten Wand der Veranda hängen malerisch die typischen Zwiebelkränze und Tomaten zum Trocknen. Ein durchfahrbarer Torbogen trennt Serraras Piazza von der Straße. Er verbindet die Pfarrkirche *Santa Maria del Carmine* mit dem Rathaus, dem einstigen Herrschaftspalazzo (18. Jh.). Der Glockenturm der Barockkirche überragt den Platz. Dieser endet in einer 🔽 Aussichtsterrasse. Wie eine über dem Meer schwebende Loggia öffnet sie für den Weitblick ein einmaliges Panorama von der Halbinsel von Sorrent und Capri bis nach S. Angelo. Das Restaurant *Sorriso d'Aurora* (Lächeln der Morgenröte) – Jahrgang 1792 – bietet den Besuchergruppen gratis ein Glas Ischia-Wein an, wenn sie für 5000 Lit ein Schinken-, Salami- oder Käsebrot bestellen. Dem Mäzenatentum des frommen Ehepaars Trofa ist der farbenfrohe Freskenzyklus des modernen Malers Danilo Bergamo aus dem Jahr 1958 zu verdanken, der die Geschichte des hl. Franziskus so herzerfrischend in der Kuppel und an den Wänden des restaurierten Kirchleins *S. Antonio* in Fontana erzählt. Der älteste erhaltene Sakralbau (1374) ganz

Ischias befindet sich ebenfalls in *Fontana,* an einer Straßenkurve, und eine Freitreppe führt zu seiner aprikosenfarbenen Fassade hinauf. Steht man vor der barocken Pfarrkirche *S. Maria della Mercede,* im Volksmund *Sagrata* genannt, und ihrem links davon aufragenden Kampanile mit Turmuhr, kann man sich kaum vorstellen, wie eng dieser letztens renovierte Bau einst in die bewegte Geschichte der Insel eingebunden war. Im 14. und 15. Jh. zogen sich die ischitanischen Bischöfe öfter hier in ihr bescheidenes Domizil zurück, wenn der Sitz auf dem Kastell bei Ponte wegen der kriegerischen Auseinandersetzungen zu unsicher wurde. Auch Giovanni, der letzte Anjou-König von Neapel, fand beim Bischof in Fontana Zuflucht, nachdem die Aragoneser seine Dynastie vertrieben hatten.

Nun zurück zum Epomeo! Ob man ihn zu Fuß oder auf dem Rücken eines Esels erklimmt – beide Lösungen sind etwas strapaziös. Unser Vorschlag: Jüngere oder Abenteuerlustige sollen getrost das »zuckelige« Vergnügen wagen, sich von Muli oder Esel hinaufschaukeln zu lassen, und zu Fuß hinuntergehen. Man kann aber auch im eigenen Tempo den Aufstieg zum Gipfel und vielleicht die Eselstour bergabwärts riskieren – vorausgesetzt, oben steht noch ein freies Maultier samt Treiber zur Verfügung! An einem Mäuerchen vor dem Parkplatz bei der Kirche in Fontana warten die Eselstreiber auf Kundschaft. Man vereinbart den Preis (derzeit 30 000 Lit bergauf *oder* bergab), und schon sitzt man auf dem Maultier. Der halbstündige Ritt auf Mulis Rücken – stets in Begleitung des treuen Eselstreibers – führt nach dem kurzen Asphaltweg durch schattige Kastanienwälder, an Eichen, Buchen, Ginster und Brombeersträuchern vorbei. Der Hohlweg wird zunehmend enger und steiler. Man muß schon aufpassen, daß die Füße keinen »Anstoß nehmen«. Beim letzten Abschnitt reitet man sogar über glatte Felsen (und wundert sich, daß die geübten Mulis kein einziges Mal mit den Hufen ausrutschen!), bis man am Absteigeplatz die Zügel wieder loslassen kann. Ein paar Kletterschritte über karge, zerklüftete Tuffsteinfelsen, dann hat man den Epomeo-Gipfel erreicht. Ganz Ischia liegt einem zu Füßen. ⚜ Der Rundblick ist wirklich atemberaubend: bis zum Golf von Gaeta, Neapel und von Salerno, mit dem Vesuv im Hintergrund. Unter dem Gipfelfelsen machen wir Rast auf der ==Caféterrasse *Monte Epomeo,*== die sich an einen steilen Felsvorsprung klammert. Es kann sein, daß unter einem plötzlich düstere Nebelschwaden dahinziehen. Die *bruschetta alla romana* (Knoblauchbrot mit Frischtomaten) schmeckt auf jeden Fall himmlisch. Wer den Sonnenunter- oder -aufgang erleben will, kann nebenan in einer schlichten Zelle der ehemaligen Einsiedelei preiswert übernachten *(35 000 Lit pro Person, Tel. 0 81 99 95 35).* Zur Klause gehörte auch die in den Tuffstein gehauene Kapelle *S. Nicola.* Im etwas verwahrlosten Inneren mit den aufbewahrten Urnen und dem abgetretenen Majolika-Boden hat man den Eindruck, die Zeit sei seit Jahrhunderten stehengeblieben.

Nicht nur Kuren: Naturerlebnis Ischia

Die hier beschriebenen Routen sind in der Übersichtskarte im vorderen Umschlag und im Atlas ab Seite 108 grün markiert

① AUF DEM SURF-BIKE DIE SÜDKÜSTE ENTLANG

Eine individuelle Möglichkeit, die Insel aus der Meeresperspektive kennenzulernen: mit dem Surf-Bike, einer Art Wasserfahrrad, das man jetzt auch auf Ischia mieten kann, an der Südküste entlang, von der Spiaggia Citara nach Ischia Ponte: reine Fahrzeit für die 15 km ca. 3 Stunden (ohne Pausen und Landgänge). Miete: 15 000–17 000 Lire für die 1. Stunde, Preisnachlaß für jede weitere. Info: Scirokko Team, Tel. 0 81 99 72 86.

Das Surf-Bike ist der vorletzte Schrei aus Amerika, ein großes Surfbrett, das stabil auf der Wasseroberfläche liegt, darauf montiert ein Fahrradsattel, Pedale und ein Lenker, darunter die von den Pedalen angetriebene zweiflügelige Schraube und die mit dem Lenker verbundene Steuerflosse. Mit dem Treten tut man sich nur ein ganz klein wenig schwerer als beim Fahrradfahren, dafür gelangt man wendig in Grotten und kleine Buchten, läßt sich von mächtigen, zum Greifen nahen Tuffsteinwänden beeindrucken, gleitet über Unterwasserwiesen aus Seegras, kurz, kann die meerzugewandte Seite der Insel genüßlich und umweltschonend erforschen. Surf-Bike-Vermietungen findet man an mehreren Stränden, so auch an der Spiaggia di Citara nahe den Poseidongärten im Süden von Forìo. Eine Schwimmweste bekommt man mit auf den Ausflug sowie die Empfehlung, sich vor der Sonne zu schützen, auf starke Brandung bei Felsklippen zu achten und nie allein auf Tour zu gehen.

Nach dem Start vom *Citara-Strand (S. 74)* geht es die Küste entlang Richtung Punta Imperatore. Das ist der westlichste, von einem Leuchtturm gekrönte Felszipfel der Insel. Auf dem Meer ragen der *Pferdefelsen,* der *Weiße* und der *Schwarze Felsen* aus dem Wasser. Oder der imposante Felsblock *La Nave (Das Schiff),* auf den man zusteuert, hat man erst einmal *Punta Imperatore* umradelt. Die Küste zeigt eindrucksvoll die von Wind- und Wassererosion zerfurchten gewundenen Felswände aus Lavagestein in ihrer Schichtstruktur und ihren Grau-Grün-Schattierungen. Im südlichen Felsvorsprung der nächsten Einbuchtung befindet sich die von heißem Fumarolendampf durchzogene *Grotta del Mavone,* über den Landweg nur sehr mühselig zu erreichen und daher einst ein ideales Piratenversteck. Im Meer liegt die Felsgruppe *Spadera.* Längs der Felsküste folgt eine Reihe von Einbuchtungen, die, nur vom Meer her zugänglich und mit aufregendem Untergrund, bei Tauchern beliebt sind. Auf *Badeleben und heiße Quellen* stößt man dagegen in der eindrucksvoll am Fuß der Steilwand gelegenen *Sorceto-Bucht* unterhalb von *Panza (S. 76),* zwischen dem Felsberg *Capo Negro* und der Landspitze *Punta Chiarito (S. 76).* Immer näher rücken das malerische einstige Fischerdorf am Fels, *Sant'Angelo (S. 79),* und der ihm als Halbinsel vorgelagerte Tuffsteinhügel. Die Küste fällt nun terrassenförmiger herab, im Landesinneren sieht man das Grün der Vegetation und im Hintergrund die Umrisse des höchsten ischitanischen Bergs, des *Monte Epomeo.* Hat man den Felszipfel von Sant' Angelo umradelt, geht es weiter die hier zum Meer abfallende Küste entlang, vorbei an Stränden, die zum Ausruhen einladen mit ihrem von Fumarolen angewärmten Kieselsand. Schließlich gelangt man zur Mündung der berühmten *Cava Scura,* der dunklen Schlucht zwischen Felswänden mit ihren jahrhundertealten, ins Tuffgestein gehauenen *Thermalanlagen (S. 86).* Von hier ab erstreckt sich die *Spiaggia dei Maronti (S. 83),* Ischias schönster und längster Sandstrand, über dem sich die Ortschaft *Barano* erhebt. Den Strand schließen die Felsvorsprünge *Punta della Signora* und

Capo Grosso ab, auf die die mächtige, *Scarrupata* genannte Steilküste folgt. Kleine Buchten bietet die Felsspitze *Punta S. Pancrazio,* die Felsküste wird wieder stufiger, es folgen die Einbuchtung der *Grotta del Mago* und ein paar hundert Meter weiter die grün schimmernde *Grotta Tisichiello.* Dieser Küstenabschnitt, den herrlich klares Wasser und ein abwechslungsreicher Meeresgrund begleiten, soll demnächst unter Naturschutz gestellt werden. Die Südküste biegt nun nach Nordosten hoch, und die Ischia Ponte vorgelagerte spektakuläre Felsinsel mit dem *Castello Aragonese (S. 28),* dem Wahrzeichen Ischias, gerät ins Blickfeld. Kurz vor dem Damm, der das Festland mit der Burginsel verbindet, endet der »Ritt« übers Meer mit der Rückgabe des Surf-Bikes.

② AUF DEM RAD VON ISCHIA PORTO NACH CASAMICCIOLA

 An mehreren Stellen kann man Geländeräder mieten, z. B. in Ischia Porto *(in Hafennähe bei Noleggio Del Franco, V. Alfredo De Luca 133, Tel. 08 1 99 13 34, zu Tagessätzen ab 12 000 Lire).* Der hier vorgeschlagene Ausflug zeigt einen der Höhepunkte der vulkanischen Beschaffenheit und Vegetation der Insel. Etwa 20 km, Höhenunterschied 260 m.

Vom Radverleih in der *V. Alfredo De Luca* geht es zur *P. degli Eroi,* von dort rechts Richtung Barano die *V. Mazzella* hinauf bis zu den *Pilastri,* dem alten Aquädukt, unter dem hindurch man rechts der Abzweigung nach Fiaiano folgt. Die Straße steigt an, rechts von *Fiaiano (S. 44)* breitet sich der sogenannte *L'Arso* aus, das Kratergebiet, das jener Lavaausbruch von 1301 schuf, der damals den Ort Ischia begrub. Heute wächst hier ein lauschiger Pinienwald. In Fiaiano folgt man dem Schild *Monte Rotaro* und kann sich am Ortsausgang nahe einer Kirchenruine an einer Wasserfontäne erfrischen. Die Straße steigt weiter an, den Berg hinauf, bis sie sich gabelt und sich wie eine Ringstraße um den auffallend dichten Wald legt, der den Berggipfel (266 m) bedeckt. Die Dichte des vor 30 Jahren angepflanzten Walds erklärt sich daraus, daß man bei den Aufforstungsmaßnahmen davon ausging, nur ein Teil der neu gesetzten Pflanzen werde überleben. Hier hingegen schlugen alle an. Der linken Gabelung folgend, geht es sehr bald rechts in den frisch duftenden Wald auf einem mit einer Kette verschlossenen Weg. Den Krater überzieht die Macchia, und es sind eher die im Wald hin und wieder auszumachenden *Fumarolen,* die auf seine vulkanische Tätigkeit verweisen. Nach der Erholung im Wald kommt man wieder auf die Straße zurück. Der Sonne ausgesetzt und mit herrlichem 🔽 Blick auf das Meer und *Casamicciola* geht es in Serpentinen die *V. Cretaio* hinunter in den Ort, links auf den *Corso Vittorio Emanuele,* der an den alten Thermen *Belliazzi (S. 50)* und *Manzi (S. 50)* vorbeiführt, und schließlich rechts auf die *V. Principessa Margherita* zum Hafen hinunter. Die Rückfahrt längs der Küste nach Ischia Porto (4 km) verläuft über die leider ziemlich befahrene Hauptstraße SS 270. Zu einem erfrischenden Bad laden die diversen *Strände (S. 41 und 53)* zwischen Casamicciola und Ischia Porto ein.

③ TREKKING QUER DURCH DIE INSEL

Die hier vorgeschlagene Wanderung zieht sich quer über die Insel, zeigt deren ausgesprochen bewegtes Landschaftsbild und erreicht mit dem Monte Epomeo ihren höchsten Punkt und herrlichsten Überblick. Sie ist lang (ca. fünfeinhalb bis sechseinhalb Std., 780 m Höhenunterschied) und durch steinige steile Anstiege streckenweise beschwerlich. Der Reiseatlas (ab S. 108) ist bei der Orientierung sicherlich hilfreich.

Man verläßt *Ischia Porto (S. 25)* über die Gasse *V. Quercia,* die von der *P. Trieste* (mit Bar und Touristeninformation) landeinwärts führt, überquert die SS 270 und läuft die *V. Nuova dei Conti* hinauf Richtung Fiaiano, vorbei an der Kirche *S. Anna* und dem mit Pinien bewachsenen Kratergebiet *L'Arso.* In *Fiaiano (S. 44,* 202 m, 1 Std.) folgt man zunächst der Straße zum *Monte Rotaro,* kürzt eine weite Serpentine über einen Treppenpfad ab und biegt nach 100 m von der Straße links ab auf ein Sträßchen, das sich bald in Stufen und dann als Naturweg fortsetzt. Dieser flankiert – wir halten uns rechts – das Tal *Cava Bianca,* überquert einen Wasserlauf, führt an einer Mauer und an einem Waldstück vorbei, bis er sich erneut gabelt. Auf dem rechts abzweigenden Weg geht es steil die bewaldeten Flanken des *Monte Trippodi* (503 m) entlang und sich links haltend über den Sattel *Piano di S. Paolo* auf einen Picknickplatz. Jetzt heißt es aufpassen, denn verschiedene Wege kreuzen sich! Man schlägt den mittigen Pfad gen Westen ein, folgt nach wenigen Schritten der linken Abzweigung und hält sich dann bei der nächsten Gabelung rechts. Bald führt der Weg durch eine kleine Schlucht, schon längst mit Blick auf den *Monte Epomeo,* und überquert schließlich eine Straße, die Zufahrt zu einer abgeschlossenen Militäranlage. Ein Stück voraus trifft der Weg auf die *klassische Epomeo-Route (S. 88),* die von *Fontana* heraufführt. Bis zum Gipfel (787 m) mit seiner atemberaubenden Aussicht und der *Einsiedelei S. Nicola,* in der man auch übernachten kann, sind vom Ausgangspunkt Ischia Porto ca. dreieinhalb Stunden vergangen. Die hier vorgeschlagene Durchquerung Ischias zu Fuß folgt nun dem Abstieg vom Epomeo-Gipfel in Richtung der Einsiedelei S. Maria del Monte. Man klettert von der Spitze wieder herunter auf die Tuffplatten und schlägt den rechts abzweigenden Weg ein. Bei einer kurz darauf folgenden *Kreuzung* nimmt man erneut den rechten Weg: Es geht über glattgewetztes Gestein steil hinunter, doch der gut sichtbar gelb markierte Weg wird bald durch einen schattigen Wald führen, immer geradeaus bis zur Einsiedelei. Im Wald begegnet man den für Ischias alte Architektur typischen *Höhlenhäusern im Tuffstein.* Bei der nach einer Stunde erreichten *Einsiedelei S. Maria del Monte* (409 m) heißt es sich entscheiden: Entweder, man nimmt den *Weg nach Forìo (S. 77)* auf steilen Pfaden durch Weinterrassen (circa 1 Stunde). Oder aber man folgt dem um mindestens eine Stunde längeren Wegverlauf Richtung Süden durch eine regelrechte Mondlandschaft aus grünlich schimmernden Tuffsteinformationen, die im 720 m

hohen Felsen *Pietra dell'Acqua* gipfeln. Diverse Pfade führen weiter abwärts nach *Ciglio (S. 75)* oder *Serrara (S. 87),* beides Ortschaften, die an der SS 270 liegen, was die Möglichkeit bietet, mit dem Bus zum Ausgangspunkt zurückzugelangen.

④ SCHNUPPERTOUR MIT DEM BUS

Einen ersten Eindruck von der Insel-Morphologie kann man sich bei einer Fahrt mit dem Linienbus verschaffen. Das ausgezeichnete Busnetz erschließt Ischia rundum preiswert. Die Busse starten alle in Ischia Porto an der P. Trieste.

Linie CD umfährt die Insel im Uhrzeigersinn, also Richtung Barano, Linie CS in entgegengesetzter Richtung über Casamicciola. Die Rundfahrt entlang der SS 270, die drei Stunden dauert, berührt die wichtigsten Ortschaften wie Casamicciola, Lacco Ameno, Forìo, Serrara, Sant'Angelo und Barano. Mit anderen Linien kann man Abstecher unternehmen, etwa mit Bus 1 über Panza nach Sant'Angelo, mit Bus 5 an den Maronti-Strand, mit Bus 1/ an den Citara-Strand.

Beginnt man mit der Nordküste, also Richtung Casamicciola, so überrascht die Üppigkeit der Vegetation. Wälder aus Macchia, Eichen und Pinien gedeihen im wesentlich feuchteren Klima als auf der heißeren Südseite. Dort dominiert das bäuerliche Element, Terrassenanbau und vor allem Weinreben. Die Inselmorphologie überrascht mit ihrem heftigen Auf und Ab, den kühnen steilen Windungen des Tuffgesteins und tiefen Schluchten, in denen seltene Farne wuchern.

Von Auskunft bis Zoll

*Die wichtigsten Tips und Adressen für Ihren
Ischia-Aufenthalt*

AUSKUNFT VOR DER REISE

**Staatliches Italienisches
Fremdenverkehrsamt (E.N.I.T.)**
*10178 Berlin, Karl-Liebknecht-Str. 34,
Tel. 030/2 47 83 97, Fax 2 47 83 99
60329 Frankfurt/M., Kaiserstr. 65,
Tel. 069/23 74 34, Fax 23 28 94
80336 München, Goethestr. 20, Tel.
089/53 13 17, Fax 53 45 27
Prospektbestellung deutschlandweit
unter: 0190/79 90 90*
   In Österreich
*1010 Wien, Kärntnerring 4, Tel.
01/5 05 16 39, Fax 5 05 02 48*
   In der Schweiz
*8001 Zürich, Uraniastr. 32, Tel.
01/2 11 30 31, Fax 2 11 38 85*

ÄRZTE

*Gratis-Ärztedienst U. S. L. 21 (Uni-
tà Sanitaria Locale = Nationales
Institut für Krankenversicherung). In
Ischia Porto, Via A. De Luca 20,
Tel. 0 81 99 20 11*

ÄRZTENOTDIENST

Ischia Porto: *Tel. 0 81 99 86 55;*
Barano: *Tel. 0 81 98 34 99;* Casa-
micciola: *Tel. 0 81 98 34 16;* Forìo,
Lacco Ameno: *Tel. 0 81 99 70 80*

BANKEN

Geldwechsel: Die Landeswäh-
rung ist die italienische Lira
(Lit). Alle Banken (Banco di Napoli, Banca Popolare di Napoli,
Banco di Roma, Monte dei Pa-
schi di Siena) wechseln Geld.
Traveller- und Eurocheques werden angenommen. (Extraservice
für deutschsprachige Touristen,
von Mai bis Oktober, im *Banco
di Roma* von Ischia Porto *(Via A.
De Luca 45)*. Kernöffnungszeiten
der Banken: *Mo–Fr 8.30–13.15
und 14.45–15.30 Uhr*

BUSSE

Es gibt zehn Buslinien auf Ischia.
Sie verbinden alle wichtigen Orte miteinander. Die Busse starten
in Ischia Porto, verkehren je nach
Strecke von *5 oder 6 bis 22.45 oder
0.35 Uhr alle 20 bis 60 Min.;* Stun-
denkarte *1500 Lit;* Halbtageskarte
*2500 Lit von 6 bis 14, 2800 Lit von
14 bis 24 Uhr;* Tageskarte *4000 Lit;*
Wochenkarte *(Juni–Sept.) 19 000 Lit;*
Zweiwochenkarte *27 000 Lit.* Fahr-
karten sind nur im *Tabakladen*
oder am *Zeitungskiosk* erhältlich.
Sie müssen vom Verkäufer mit

einem Datumstempel versehen werden (sonst nicht gültig!). Info: *S. E. P. S. A.-Büro, Via M. Mazzella, Tel. 0 81 99 18 08 oder 0 81 99 18 28*

CAMPING

Barano: *Mirage, Maronti-Strand, Tel. 0 81 99 05 51*; Casamicciola: *Valle dell'Eden, Tel. 0 81 98 01 58*; Ischia: *CAI, Tel. 0 81 99 33 97; Castello Aragonese, Tel. 0 81 99 19 59; Eurocamping dei Pini, Tel. 0 81 98 20 69; Internazionale, Via Mazzella, Tel. 0 81 99 14 49.* Auf Procida: sechs Plätze.

EINREISE

Ein gültiger Reisepaß oder Personalausweis reicht.

FEUERWEHR

Vigili del Fuoco, Via M. Mazzella, Tel. 0 81 98 17 58 oder 0 81 99 15 07

FUNDBÜRO

Man wende sich an das Polizeikommissariat in Ischia Porto: *Via delle Terme 54, Tel. 0 81 99 14 06*

HUBSCHRAUBER-NOTDIENST FÜR KRANKENTRANSPORTE

Tel. 08 17 80 42 96

HUBSCHRAUBER-SERVICE

Flüge zwischen Ischia und Flughafen Neapel: *Lacco Ameno, Tel. 0 81 99 64 54*

KONSULATE IN NEAPEL

Deutsches Generalkonsulat
Via Crispi 69, Tel. 08 17 61 33 93, Fax 08 17 61 46 87

Österreichisches Konsulat
Corso Umberto I 275, Tel. und Fax 0 81 28 77 24

Schweizerisches Konsulat
Via Pergolesi 1, Tel. 08 17 61 45 33, Fax 08 17 61 17 50

POLIZEI

Polizei-Kommissariat
Ischia Porto, Via delle Terme, Tel. 0 81 99 13 36 und 0 81 99 14 06

Notruf
Tel. (0 81) 113

POST

Postämter gibt es in: *Barano, Casamicciola, Forìo, Ischia Porto, Lacco Ameno, S. Angelo, Serrara Fontana.* Kernöffnungszeiten: *Mo–Fr 8.30 bis 13.30, Sa 8.30–12 Uhr.* Hauptpost in Ischia Porto: *Mo–Sa 8.30 bis 19.15 Uhr*

SCHIFFSVERBINDUNGEN

Von Ischia Porto und Casamicciola gibt es täglich mehrmals Schiffsverbindungen mit Fähren (Traghetti) oder Schnellbooten (Aliscafi) zum Festland und nach Procida. In der neapolitanischen Tageszeitung »Il Mattino« sind die Fahrpläne aller Schiffsverbindungen abgedruckt. Auskunft erteilen auch die Schifffahrtsgesellschaften (in Ischia Porto: *Alilauro Aliscafi del Tirreno, Banchina Redentore, Tel. 0 81 99 19 90; Caremar, Via Iasolino 19, Tel. 0 81 99 17 81; Libera Navigazione del Golfo, Via Portosalvo 6, Tel. 0 81 98 18 96.* In Casamicciola: *Linee Buono, Piazza Marina, Tel. 0 81 98 52 70; Aliscafi Snav, Piazza Marina, Tel. 0 81 99 64 03).*

STROMSPANNUNG

220 Volt, Wechselstrom

TAXI UND »MICROTAXI«

Es gibt ca. 140 Taxis auf der Insel. Einige Hinweise auf die ortsüblichen Tarife: *Grundtarif (bis zu 3 Personen) 5000 Lit,* Mindestbetrag bei *Tages- bzw. Nachtfahrt: 7000/9000 Lit; Nachttarif (0 bis 6 Uhr): 30 % Aufschlag.* Grundtarif der ca. 400 »Microtaxis« (Dreiradtaxis): *4000 Lit.* Die preiswerteste Fernfahrt: Ischia Porto bis Casamicciola *(ca. 15 000 Lit);* die teuerste: von Ischia Porto bis S. Angelo *(ca. 40 000 Lit). Preis pro Gepäckstück: 2000 Lit*

TELEFON

Die Telefongesellschaft heißt *Telecom.* Telefonzellen im Freien gibt es überall. Ortsgespräch: 200 Lit. Für Auslandsgespräche gibt es Telefonkarten *(schede telefoniche)* zu 5000 bzw. 10 000 Lit. Ein Tip: Telefonieren Sie lieber aus den zuverlässigen Zellen mit Zähler *(a scatti),* die in einigen Café-Bars untergebracht sind. In Ischia Porto: *Ischia Marine, Via Iasolino 90 (Juli–Okt. tgl. 8.30 bis 12.50 und 16–20.30 Uhr);* am Eingang zur *Bar Calise, Via A. Sogliuzzo 69 (rund um die Uhr).* In Casamicciola: *Bar Fabio, Corso Garibaldi 53 (Mo–Sa 8–13 und 15–19 bzw. 22, So 9–13 Uhr).* In Forìo: *Bar Calise, Corso Umberto I 17 (Juli–Sept. tgl. 8–12 und 14.30–21.30, Okt. bis Juni Mo–Sa 8–13 und 14.30–21.30, So 9–13 Uhr; Bar Mimi, Piazza Balsofiore 3 (Sommer Mo–Sa 8–13 und 15–22, So 9–13 und 16–20 Uhr).* In Lacco Ameno: *Tabaccheria Morgera, Piazza Rosario 40 (Sommer*

Landkarte von Ischia auf Keramik

Mo–Sa 8–13 und 15–22, So 9–13 Uhr); Viaggi Isola Verde, Piazza Pontile (Sommer Mo–Sa 8–13 und 15 bis 22, So 9–13 Uhr). In S. Angelo: *Bar Pizzeria Iacono, Via Chiaia delle Rose 18 (Mo–Sa 8–13 und 16–22, So 9–13 Uhr). Vorwahl nach Ischia: 00 39. Von Ischia nach D: 00 49, nach A: 00 43, in die CH: 00 41*
   Achtung: Seit Juni 1998 muß in ganz Italien die Vorwahl (081 für Ischia) auch bei Ortsgesprächen gewählt werden.

TIERE

Tollwut-Impfbescheinigung sowie ein amtstierärztliches Attest (beide dürfen nicht älter als 30 Tage sein) sind erforderlich. Nähere Informationen beim *Deutschen Tierschutzbund e. V.: Baumschulallee 15, 53115 Bonn, Tel. 0228/60 49 60*

URLAUBSHILFE PER TELEFON

Wer im Urlaub Ärger hat, kann sich in der Zeit von Juli bis September auf deutsch kostenlos telefonisch beraten lassen. Servicetelefon Neapel: *081/ 7 61 45 24, Mo–Mi 14–18, Do–Fr 9–13 Uhr*

Die gängigen deutschsprachigen Zeitungen und Zeitschriften finden Sie an jedem größeren Kiosk Ischias.

Für den privaten Verbrauch bestimmte Waren dürfen zwischen Deutschland, Österreich und Italien bis zu gewissen Glaubwürdigkeitsgrenzen mitgeführt werden. Sie liegen bei 800 Zigaretten, 110 l Bier, 90 l Wein und 10 l Spirituosen pro Person. Für Reisende aus der Schweiz sind es 200 Zigaretten und 2 l Wein.

Bei Duty-free-Waren gelten auch für Deutsche und Österreicher strenge Begrenzungen.

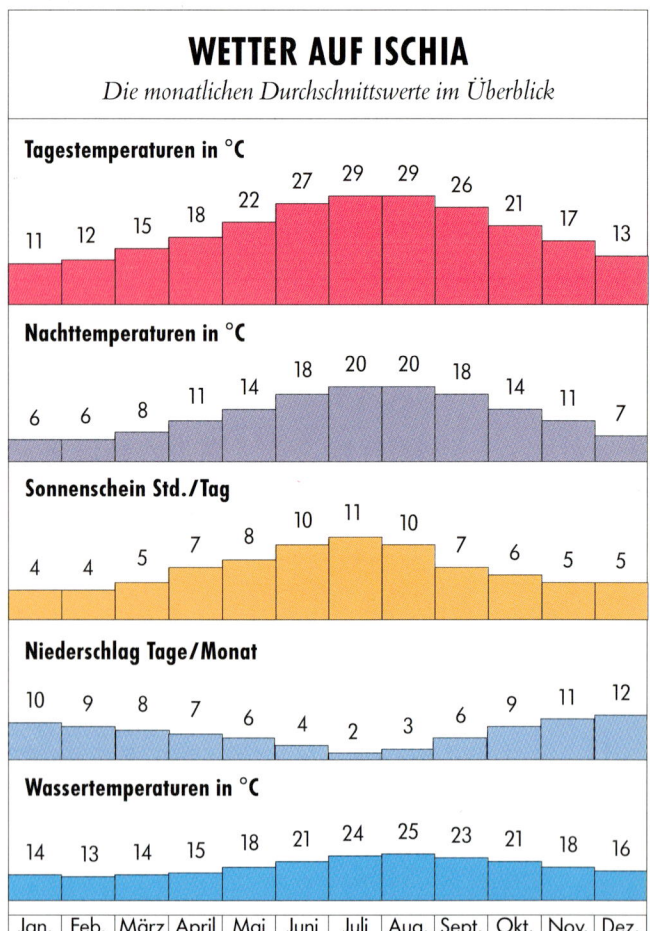

WETTER AUF ISCHIA

Die monatlichen Durchschnittswerte im Überblick

Tagestemperaturen in °C

Jan.	Feb.	März	April	Mai	Juni	Juli	Aug.	Sept.	Okt.	Nov.	Dez.
11	12	15	18	22	27	29	29	26	21	17	13

Nachttemperaturen in °C

Jan.	Feb.	März	April	Mai	Juni	Juli	Aug.	Sept.	Okt.	Nov.	Dez.
6	6	8	11	14	18	20	20	18	14	11	7

Sonnenschein Std./Tag

Jan.	Feb.	März	April	Mai	Juni	Juli	Aug.	Sept.	Okt.	Nov.	Dez.
4	4	5	7	8	10	11	10	7	6	5	5

Niederschlag Tage/Monat

Jan.	Feb.	März	April	Mai	Juni	Juli	Aug.	Sept.	Okt.	Nov.	Dez.
10	9	8	7	6	4	2	3	6	9	11	12

Wassertemperaturen in °C

Jan.	Feb.	März	April	Mai	Juni	Juli	Aug.	Sept.	Okt.	Nov.	Dez.
14	13	14	15	18	21	24	25	23	21	18	16

Bloß nicht!

*Glauben Sie nicht alles, was man Ihnen erzählt,
und kaufen Sie nicht alles, was Ihnen Schönheit und
Gesundheit verspricht!*

Blabla an Bord

Der Wortschwall des Schiffsanimateurs ist unwiderstehlich und unüberhörbar, wenn er an Bord der »Eros« bei der Inselrundfahrt seine instruktiven Küstenkommentare abgibt. Nehmen Sie's ihm nicht übel, wenn kaum die Hälfte von dem stimmt, was er erzählt. Er meint es gut und spielt voller Überzeugung den temperamentvollen Süditaliener, so wie er in seiner Vorstellung dem Gast aus dem Norden gefallen mag. Vielleicht meint er es nur dann wirklich ernst, wenn er von »Amore« spricht. Denken Sie also daran, auch dem eigenen Auge zu vertrauen.

Fango à gogo

Man muß nicht unbedingt die (preiswerter gewordenen) aus Fango und Thermalwasser kreierten Schönheitsmittel der Firma *Terme dell'Isola d'Ischia* in der Parfümerie kaufen. Wenn Sie keinen Wert auf die Verpackung legen und es sich nicht um ein Geschenk handelt, können Sie für den Eigenbedarf denselben Inhalt noch preiswerter an der Nitrodi-Quelle ergattern: Fango im Marmeladenglas oder Thermalwasser in der (mitgebrachten) Flasche.

Hausnummern-Wirrwarr

Vielerorts tragen die Hausnummern zur Erleichterung der Adressenfindung bei. Auf Ischia ist es seit 1991 anders. Nicht nur erhielt jeder Geschäftseingang eine eigene Nummer – wie es in Italien auch anderswo Vorschrift ist –, sondern es wurde zusätzlich noch fleißig umnumeriert. Nun hat, bis zum nächsten Fassadenanstrich, jede Eingangstür möglicherweise zwei verschiedene Nummern. Sogar die Kirchen sind zu Nummernträgern geworden. Vorsicht ist also geboten, wenn man sich nach der *numero civico* richten will.

Spuren der nie Dagewesenen

Bloß nicht jeder Erfindung der Phantasie Glauben schenken! Mit dem Guevara-Turm bei Cartaromana hatte Michelangelo Buonarroti kaum mehr zu tun als Guerillachef Che Guevara. Im Volksmund heißt zwar der nunmehr renovierte Bau *Torre di Michelangelo*, doch gibt es nicht den geringsten Beweis dafür, das Renaissance-Genie habe die von ihm verehrte Dichterin Vittoria Colonna je auf Ischia besuchen können. Schade … Boccaccio erwähnt den Turm in einer seiner pikanten Geschichten. Selber ist er aber nie dort gewesen. Sein romantischer deutscher Kollege Jean Paul auch nicht, obwohl er seinen Romanhelden Albano im »Titan« auf der Märcheninsel auftreten läßt. Sogar der hl. Petrus soll einen Abstecher nach Ischia gemacht und auf dem Hügel gepredigt haben, wo jetzt seine Kirche in Ischia Porto steht: leider Fehlanzeige.

Telefonitis

Die Krankheit der freistehenden Telefonzellen ist auf ganz Ischia sozusagen chronisch. Besonders nach einem Gewitter funktionieren die Apparate am Straßenrand oft wochenlang nicht. Denken Sie daran, daß es mehrere Café-Bars gibt, in denen Telefonzellen mit Gebührenzähler zur Verfügung stehen. (In Italien sind Telefon- und Postdienst voneinander getrennt.) Dieser Rat gilt freilich nur für diejenigen, die den Fernsprechzuschlag in ihrem Hotel einsparen wollen.

Topless – Fehlanzeige

Die blinkende Leuchtreklame *Topless* paßt nicht zu der prosaisch-modernen Jugend-Treff-Bar an der Uferstraße in Casamicciola. Welche Pläne man »in petto« hat, steht noch in den Sternen. Der Lockname täuscht: In Sachen *petto* (= Busen) ist nichts los. Gehen Sie dem ganzen Getue nicht auf den Leim!

Wegweiser – von wegen!

Bei Wanderungen werden Sie häufig vergeblich nach einer klaren, zuverlässigen Beschilderung suchen. Die Pfade sind oft schwer zu erkennen. Auf den Landkarten sind die alten Kreuze bzw. Bildstöcke vermerkt, denen man unterwegs begegnet. Es ist nicht ratsam, auf steilen Saumpfaden mit den Maultieren konkurrieren zu wollen. Wichtig ist, vom Sonnenuntergang nicht mitten im Wald oder in dichter Macchia erwischt zu werden: Man verirrt sich leicht! – Am wenigsten sind die Entfernungsangaben der Hinweisschilder zu den in Weinbergen verborgenen Trattorias glaubwürdig: Lesen Sie *300 m* oder *500 m,* dann kalkulieren Sie getrost das Doppelte, und statt des Ärgers freuen Sie sich auf Ambiente und Schlemmergenuß.

Kommandant der Eremiten

Joseph d'Argout, flämischer Garnisonskommandeur, zog sich 1778 als Einsiedler auf den Epomeo zurück. Fragt sich nur, warum? Zwei Varianten hat seine Geschichte: eine böswillige und eine fast legendäre. Ob der Statthalter ihn wegen einer Affäre mit seiner Frau verjagte oder ob er sein Gelübde an San Nicola einlöste, um für die Rettung seines Lebens zu danken, bleibt dahingestellt. Fest steht, daß er und zwölf Männer, die ihm aus dem Kastell nachfolgten, für sich Mönchszellen in den Tuff schlugen. Dort verbrachten sie bei der San Nicola geweihten Felskirche ihr Einsiedlerleben. Verehrt wurde d'Argout von den Einheimischen wie ein Heiliger. Denken Sie an ihn, wenn Sie sich als Bergsteiger für die Nacht in eine der Zellen einquartieren!

Sprechen und Verstehen ganz einfach

Zur Erleichterung der Aussprache:

c, cc	vor »e, i« wie deutsches »tsch« in deutsch, Bsp.: dieci, sonst wie »k«
ch, cch	wie deutsches »k«, Bsp.: pacchi, che
ci, ce	wie deutsches »tsch«, Bsp.: ciao, cioccolata
g, gg	vor »e, i« wie deutsches »dsch« in Dschungel, Bsp.: gente
gl	ungefähr wie in »Familie«, Bsp.: figlio
gn	wie in »Kognak«, Bsp.: bagno
sc	vor »e, i« wie deutsches »sch«, Bsp.: uscita
sch	wie in »Skala«, Bsp.: Ischia
sci	vor »a, o, u« wie deutsches »sch«, Bsp.: lasciare
z	immer stimmhaft wie »ds«

Ein Akzent steht im Italienischen nur, wenn die letzte Silbe betont wird. In den übrigen Fällen haben wir die Betonung durch einen Punkt unter dem betonten Vokal angegeben.

AUF EINEN BLICK

Ja./Nein.	Sì./No.
Vielleicht.	Forse.
Bitte./Danke.	Per favore./Grazie.
Vielen Dank!	Tante grazie.
Gern geschehen.	Non c'è di che!
Entschuldigen Sie!	Scusi!
Wie bitte?	Come dice?
Ich verstehe Sie/dich nicht.	Non La/ti capisco.
Ich spreche nur wenig …	Parlo solo un po' di …
Können Sie mir bitte helfen?	Mi può aiutare, per favore?
Ich möchte …	Vorrei …
Das gefällt mir (nicht).	(Non) mi piace.
Haben Sie …?	Ha …?
Wieviel kostet es?	Quanto costa?
Wieviel Uhr ist es?	Che ore sono?/Che ora è?

KENNENLERNEN

Guten Morgen!/Tag!	Buon giorno!
Guten Abend!	Buona sera!
Gute Nacht!	Buona notte!
Hallo!/Grüß dich!	Ciao!
Wie geht es Ihnen/dir?	Come sta?/Come stai?
Danke. Und Ihnen/dir?	Bene, grazie. E Lei/tu?
Auf Wiedersehen!	Arrivederci!
Tschüs!	Ciao!
Bis bald!	A presto!
Bis morgen!	A domani!

Auskunft

links/rechts	a sinistra/a destra
geradeaus	diritto
nah/weit	vicino/lontano
Wie weit ist das?	Quanti chilometri sono?
Ich möchte … mieten.	Vorrei noleggiare …
… ein Auto	… una macchina.
… ein Fahrrad	… una bicicletta.
… ein Boot	… una barca.
Bitte, wo ist …?	Scusi, dov'è …?
der Hauptbahnhof	la stazione centrale
die U-Bahn	la metro(politana)
der Flughafen	l'aeroporto
Zum … Hotel.	All'albergo …

Panne

Ich habe eine Panne.	Ho un guasto.
Würden Sie mir einen Abschleppwagen schicken?	Mi potrebbe mandare un carro-attrezzi?
Gibt es hier in der Nähe eine Werkstatt?	Scusi, c'è un'officina qui vicino?
Würden Sie mir mit Benzin aushelfen?	Mi potrebbe dare un po' di benzina, per favore?

Tankstelle

Wo ist bitte die nächste Tankstelle?	Dov'è la prossima stazione di servizio, per favore?
Ich möchte … Liter …	Vorrei … litri di …
… Normalbenzin.	… benzina normale.
… Super./… Diesel.	… super./… gasolio.
… bleifrei/… verbleit.	… senza piombo (verde)/ … con piombo.
…mit … Oktan.	… a … ottani.
Volltanken, bitte.	Il pieno, per favore.

Unfall

Hilfe!	Aiuto!
Achtung!/Vorsicht!	Attenzione!
Rufen Sie bitte schnell …	Chiami subito …
… einen Krankenwagen.	… un'autoambulanza.
… die Polizei.	… la polizia.
… die Feuerwehr.	… i vigili del fuoco.
Haben Sie Verbandszeug?	Ha materiale di pronto soccorso?
Es war meine Schuld.	È stata colpa mia.
Es war Ihre Schuld.	È stata colpa Sua.
Geben Sie mir bitte Ihren Namen und Ihre Anschrift!	Mi dia il Suo nome e indirizzo, per favore!

ESSEN/UNTERHALTUNG

Wo gibt es hier …	Scusi, mi potrebbe indicare …
… ein gutes Restaurant?	… un buon ristorante?
… ein typisches Restaurant?	… un locale tipico?
Gibt es in der Nähe eine Eisdiele?	C'è una gelateria qui vicino?
Reservieren Sie uns bitte für heute abend einen Tisch für 4 Personen.	Può riservarci per stasera un tavolo per quattro persone?
Auf Ihr Wohl!	(Alla Sua) salute!
Bezahlen, bitte.	Il conto, per favore.
Hat es geschmeckt?	Andava bene?
Das Essen war ausgezeichnet.	(Il mangiare) era eccellente.
Haben Sie einen Veranstaltungskalender?	Ha un programma delle manifestazioni?

EINKAUFEN

Wo finde ich …?	Dove posso trovare …?
eine Apotheke	una farmacia
eine Bäckerei	un panificio
ein Fotogeschäft	un negozio di articoli fotografici
ein Kaufhaus	un grande magazzino
ein Lebensmittelgeschäft	un negozio di generi alimentari
den Markt	il mercato
einen Supermarkt	un supermercato
einen Tabakladen	un tabaccaio
einen Zeitungshändler	un giornalaio

ÜBERNACHTUNG

Können Sie mir bitte … empfehlen?	Scusi, potrebbe consigliarmi …
… ein Hotel	… un albergo?
… eine Pension	… una pensione?
Ich habe bei Ihnen ein Zimmer reserviert.	Ho prenotato una camera.
Haben Sie noch …?	È libera …?
… ein Einzelzimmer	… una singola
… ein Zweibettzimmer	… una doppia
… mit Dusche/Bad	… con doccia/bagno
… für eine Nacht	… per una notte
… für eine Woche	… per una settimana
… mit Blick aufs Meer	… con vista sul mare
Was kostet das Zimmer …	Quanto costa la camera …
… mit Frühstück?	… con la prima colazione?
… mit Halbpension?	… a mezza pensione?

Arzt

Können Sie mir einen guten Arzt empfehlen?	Mi può consigliare un buon medico?

Ich habe Durchfall
Ich habe …
… Fieber.
… Kopfschmerzen.
… Zahnschmerzen.

Soffro di diarrea.
Ho …
… la febbre.
… mal di testa.
… mal di denti.

Bank

Wo ist bitte …
… eine Bank?
… eine Wechselstube?
Ich möchte diese … DM
(Schilling, Schweizer
Franken) in Lire wechseln.

Scusi, dove posso trovare …
… una banca?
… un'agenzia di cambio?
Vorrei cambiare questi marchi
(scellini, franchi svizzeri) in lire.

Post

Was kostet …
… ein Brief …
… eine Postkarte …
nach Deutschland?

Quanto costa …
… una lettera …
… una cartolina …
per la Germania?

Zahlen

0	zero	19	diciannove
1	uno	20	venti
2	due	21	ventuno
3	tre	30	trenta
4	quattro	40	quaranta
5	cinque	50	cinquanta
6	sei	60	sessanta
7	sette	70	settanta
8	otto	80	ottanta
9	nove	90	novanta
10	dieci	100	cento
11	undici	101	centouno
12	dodici	200	duecento
13	tredici	1000	mille
14	quattordici	2000	duemila
15	quindici	10000	diecimila
16	sedici		
17	diciassette	1/2	un mezzo
18	diciotto	1/4	un quarto

Carta
Speisekarte

PRIMA COLAZIONE	FRÜHSTÜCK
caffè, espresso	kleiner, starker Kaffee ohne Milch
caffè macchiato	kleiner, starker Kaffee mit wenig Milch
caffellatte	Milchkaffee
caffè decaffeinizzato	koffeinfreier Kaffee
cappuccino	Kaffee mit aufgeschäumter Milch
tè al latte/al limone	Tee mit Milch/Zitrone
tè alla menta/alla frutta	Pfefferminz-/Früchtetee
tisana	Kräutertee
cioccolata	Schokolade
spremuta	frisch gepreßter Fruchtsaft
succo di frutta	Fruchtsaft
frittata	Omelett/Pfannkuchen
uovo alla coque	weiches Ei
uova al tegame	Spiegeleier
uova sode	harte Eier
uova strapazzate	Rühreier
pane/panino/pane tostato	Brot/Brötchen/Toast
cornetto	Hörnchen
burro	Butter
formaggio	Käse
salame	Wurst
prosciutto	Schinken
miele	Honig
marmellata	Marmelade
iogurt	Joghurt
della frutta	etwas Obst

ANTIPASTI/MINESTRE	VORSPEISEN/SUPPEN
acciughe	Sardellen
affettato misto	gemischter Aufschnitt
anguilla affumicata	Räucheraal
carciofini sott'olio	Artischockenherzen in Öl
funghi sott'olio	Pilze in Öl
melone e prosciutto	Melone mit Schinken
minestrone	dicke Gemüsesuppe
pastina in brodo	Fleischbrühe mit feinen Nudeln
vitello tonnato	kalter Kalbsbraten mit Thunfischcreme
zuppa di pesce	Fischsuppe

PRIMI PIATTI	NUDEL- UND REISGERICHTE
pasta	Nudeln
… al burro/in bianco	… mit Butter
… alla napoletana/al pomodoro	… mit Tomatensoße (ohne Fleisch)
… alla bolognese/al ragù	… mit Tomatensoße (mit Fleisch)
… alle vongole	… mit Venusmuscheln
… alla carbonara	… mit Ei und Speck
… alla panna	… mit Sahne
… aglio e olio	… mit Knoblauch und Öl
… alla puttanesca	… mit Tomatensoße, Oliven und sehr scharfen Gewürzen
fettuccine/tagliatelle	Bandnudeln
gnocchi	kleine Kartoffelklößchen
polenta (alla valdostana)	Maisbrei (mit Schmelzkäse)
agnolotti/ravioli/tortellini	gefüllte Teigtaschen
vermicelli	Fadennudeln
risotto alla milanese	Reisgericht mit Safran

CARNE E PESCE	FLEISCH UND FISCH
agnello	Lamm
ai ferri/alla griglia	vom Grill
anitra	Ente
aragosta	Languste
brasato	Braten
coda di rospo	Seeteufel
coniglio	Kaninchen
cozze/vongole	Miesmuscheln/ Venusmuscheln
fegato	Leber
fritto di pesce	gebackene Fischchen
gambero, granchio	Krebs, Krabbe
maiale	Schweinefleisch
manzo/bue	Rind-/Ochsenfleisch
ossobuco	Kalbshaxenscheibe mit Soße
pesce spada	Schwertfisch
pollo	Huhn
rognoni	Nieren
salmone	Lachs
scampi fritti	gebackene kleine (See-)Krebse
sgombro	Makrele
sogliola	Seezunge
spezzatino	Geschnetzeltes/Gulasch
tonno	Thunfisch
trota	Forelle
vitello	Kalbfleisch

VERDURA E INSALATE	GEMÜSE UND SALATE
asparagi	Spargel
carciofi	Artischocken
carote	Möhren, Karotten
cavolfiore	Blumenkohl
cavolo	Kohl
cicoria belga	Chicorée
cipolle	Zwiebeln
fagioli	weiße Bohnen
fagiolini	grüne Bohnen
finocchi	Fenchel
funghi	Pilze
insalata mista	gemischter Salat
insalata verde	grüner Salat
lenticchie	Linsen
melanzane	Auberginen
patate	Kartoffeln
patatine fritte	Pommes frites
peperoni	Paprika
piselli	Erbsen
pomodori	Tomaten
sedano	Sellerie
spinaci	Spinat
zucca	Kürbis

FORMAGGI	KÄSE
parmigiano	Parmesankäse
pecorino	Schafskäse
ricotta	quarkähnlicher Frischkäse

DOLCI E FRUTTA	NACHSPEISEN UND OBST
albicocca	Aprikose
anguria/cocomero	Wassermelone
arancia	Orange
cassata	Eisschnitte mit kandierten Früchten
ciliegie	Kirschen
coppa assortita	gemischter Eisbecher
coppa con panna	Eisbecher mit Sahne
fichi	Feigen
fragole	Erdbeeren
gelato	Eis
lamponi	Himbeeren
macedonia	Obstsalat
mela	Apfel
melone/popone	Honigmelone

nocciọla	Haselnuß(-Eis)
pẹra	Birne
pẹsca	Pfirsich
prụgna/susịna	Pflaume
tịramisu	Löffelbiskuit mit Kaffee und
	Mascarpone-Creme
ụva	Trauben
vanịglia	Vanille(-Eis)
zabaiọne	Eierschaumcreme
zụppa inglẹse	Biskuit mit Vanillecreme

Lista delle bevande
Getränkekarte

BEVANDE	GETRÄNKE
ạcqua minerạle	Mineralwasser
amạbile	lieblich
amạro	Magenbitter
aranciạta	Orangeade
bịbita	Erfrischungsgetränk
bicchiẹre	Glas
bịrra scụra/chiạra	dunkles/helles Bier
bịrra ạlla spịna	Bier vom Faß
bịrra sẹnza ạlcool	alkoholfreies Bier
bottịglia	Flasche
con ghiạccio	mit Eis
digestịvo	Verdauungsschnaps
frappé	Milchmixgetränk (oft mit Eis)
frullạto	Obstmixgetränk
gassạta/con gas	mit Kohlensäure
grạppa	Tresterschnaps
limonạta	Limonade
liquọre	Likör
lịscia/sẹnza gas	pur/ohne Kohlensäure
sẹcco	trocken
spremụta di arạncia	frisch gepreßter Orangensaft
spumạnte	Sekt
sụcco di frụtta/di mẹle	Frucht-/Apfelsaft
sụcco di pomodọro	Tomatensaft
vịno biạnco/rosạto/rosso	Weiß-/Rosé-/Rotwein
vịno dẹlla cạsa	Hauswein
vịno frizzạnte	Perlwein, moussierender Wein
vịno sfụso/apẹrto	offener Wein

Reiseatlas Ischia

Die Seiteneinteilung für den Reiseatlas finden Sie
auf dem hinteren Umschlag dieses Reiseführers

A   B   C

1   400 m

P. Spaccarello

P. Caruse   La Guardiola
40   105
La Guardiola
104

95
M. Caruso
2
V. la Cigliano   • 49
Montevergine
19

MARE TIRRENO
Spiaggia di   S. Fra
S. Francesco   di P6

13

3
Scentone

P. Ponza
Spiaggia   Spinesante
di Chiaia
Scogli Camerata   Via
4
Pietra Impisa
Casale
Ba

Strada Borbonic
Chiesa del Soccorso   • 38   Monterone
P. del Soccorso   22
FORIO   9
5   Lorio
Cierco

③
Torrione
Museo   Pescina
Maltese
6
V. la Caliso
S. Antonio

▽ 114   108   S ano
Martola

D   E   F

1

Mezzatorre

P. di Monte Vico

S. Montana

Baia di S. Montano
Lido di S. Montano

Torre

62

M. Vico

Grotta Spuntatore

Terme Negombo

S. Restituta

il Fungo

Stufe di S. Lorenzo

6

p. Casamicciola Terme

2

Europea Club

V.la Arbusto

LACCO AMENO

Pza Girardi

270

104

Fundera

195

65

130

3

81

Mezzavia

La Rita

Terme La Rita

Via Prov. Lacco-Fango

Via Provinciale Lacco-Fango

30

28

la Pietra
135

140

142

Fango

Pantane

C. M. re Cifo

Strada

Strada Panoramica

4

inarola   S p a d a r a

Selva

Massaia

Caduto

Pennanova

Pizzone
412

M o n t a g n o n

5

rme Castaldi

B i a n c h e t t o

Pannoccia

M. Nuovo
513

480

Capo dell'Uomo
721

C. Pietra Mosca

Eremo di S. Maria
d. Monte
409

Eremo di S. Nicola

79 M. Epomeo

6

3

3

C. Coppa

515

670

Pellacchio

Pe

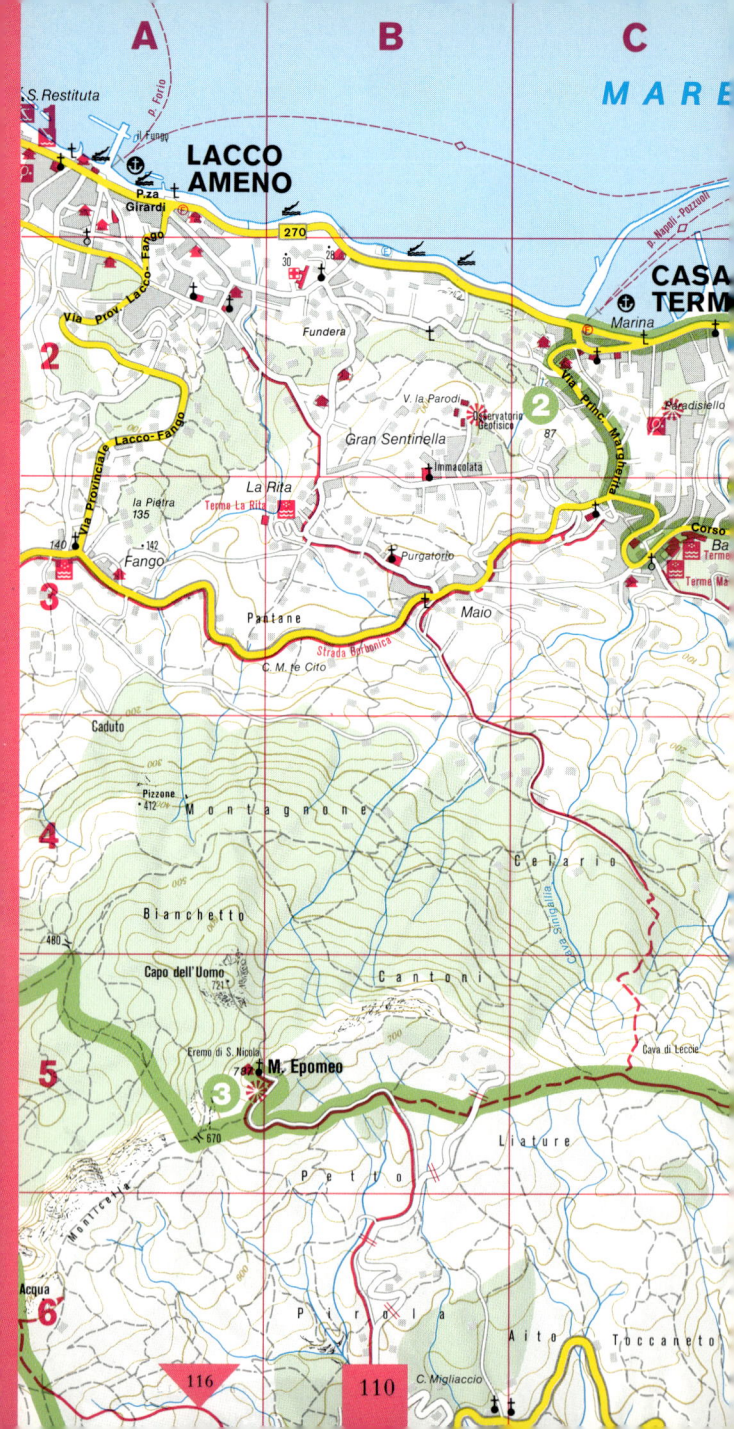

1

S. Restituta

il Fungo

p. Forio

**LACCO
AMENO**

Pza
Girardi

270

**CASA
TERM**

Marina

Fundera

V. la Parodi

2

Osservatorio
Geofisico

Via Princ. Margherita

radisiello

87

2

Gran Sentinella

Immacolata

La Rita

la Pietra
135

Terme La Rita

Corso
Ba
Terme

142

Terma Ma

140

3

Fango

Purgatorio

Strada Borbonica

Maio

Pantane

C. M. re Cito

Caduto

Montagnone

Pizzone
412

Celario

Cava Sfagiallo

4

Bianchetto

480

Cantoni

Capo dell'Uomo
721

Cava di Leccie

Eremo di S. Nicola

M. Epomeo

5

3

670

Liature

Petto

Mantrella

Pirola

6

Acqua

Aito   Toccaneto

C. Migliaccio

M A R E

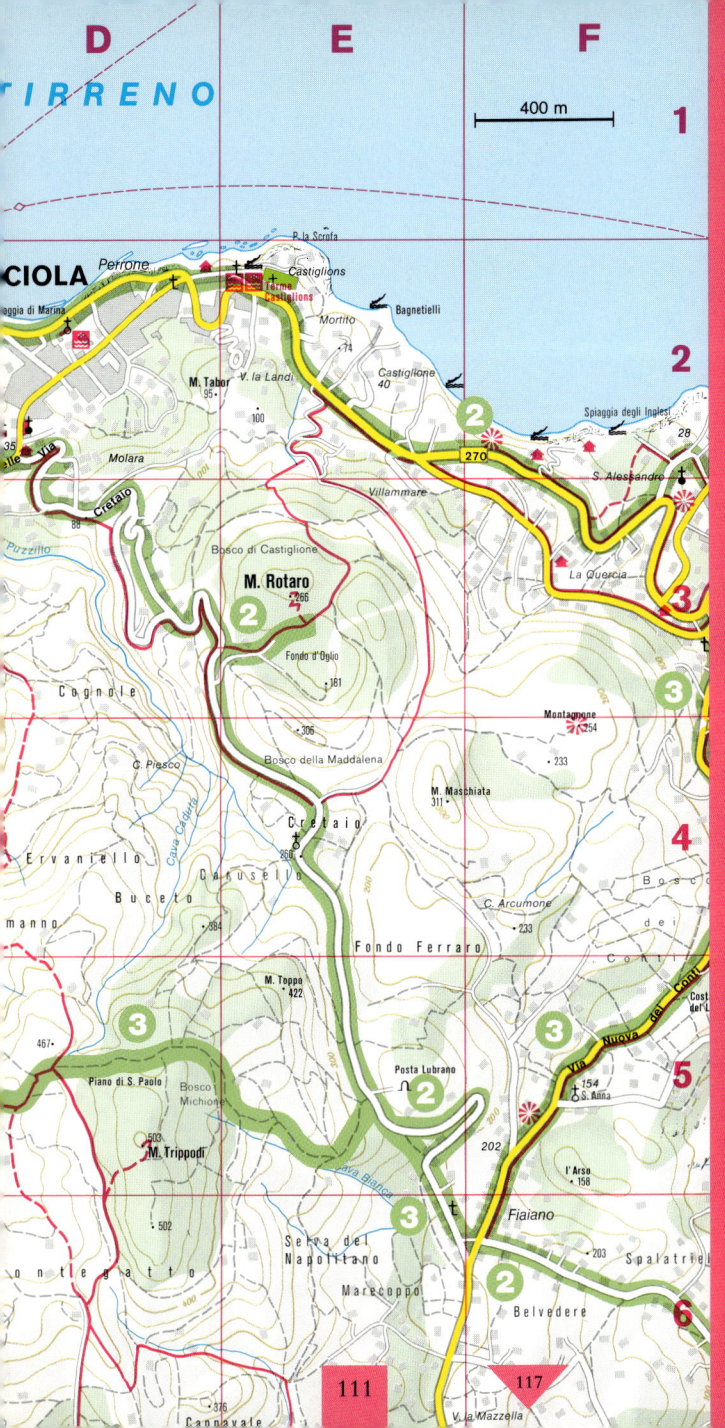

400 m

1

TIRRENO

CIOLA
Perrone
P. la Scrofa
Castiglions
Terme Castiglions
Bagnetielli
Piaggia di Marina
Mortito
Castiglione
74
M. Tabor
95
V. la Landi
40
100
Spiaggia degli Inglesi
270
28
S. Alessandro
2

Molara
Villammare
La Quercia
Cretaio
Puzzillo
88
Bosco di Castiglione
M. Rotaro
266
3
Fondo d'Oglio
161
Montagnone
254
3
Coginole
305
233
C. Piesco
Bosco della Maddalena
M. Maschiata
311
Cretaio
360
Ervaniello
Carusello
Bosco
Buceto
C. Arcumone
233
del
584
FONDO FERRARO
Cosi
del L
M. Toppo
422
Via Nuova del Conti
Cost
3
3
3
467
Posta Lubrano
154
S. Anna
Piano di S. Paolo
Bosco Michiono
2
503
M. Trippodi
202
l'Arso
158
502
3
Fiaiano
on t e g a t t o
Serra del Napolitano
203
Spalatriel
Marecoppo
2
Belvedere
6

117

V. la Mazzella
Cannavale

D E F

1

p. Procida - Napoli - Pozzuoli
p. Napoli

MARE TIRRENO

2

p. Procida

3

Spiaggia del Lido
P. Molina

a Nenzi Bozzi **ISCHIA**

Mandria

Conv. di
S. Antonio

Spiaggia dei
Pescatori
S. Antonio

4

Ischia Ponte

P.zo Scalfati

S. Giuseppe d. Croce

Torre
dell'Orologio

Ponte
Aragonese

Castello
Aragonese

Aenaria
(Città Sommersa)
II.° Sec. D.C.

Immacolata

S. Pietro a P.

Marina dei Pescatori

La Cappell

Parco delle Ninfe

Sant' Anna
Cimitero Vecchio

5

Torre del Guevara

Scogli S. Anna

Terme Eden
S. Domenico

S. Michele

Spiaggia di Cartaromana
Carta Romana

6

C. Mancuso

113

119

118

Terme Eden
S. Domenico
S. Michele
Scogli S. Anna

1

C. Mancuso
Spiaggia di Cartaromana
Catta Romana

Chiesa d. Annunziata
C. Conte
P. della Pisciazza

Torri
C. Monte
P. del Lume

2

333
Torri di sopra

ne
977
Grotta Tisichiello

1

Grotta di Terra
P. Parata Centoremi

3

Grotta del Mago
Parata

n a t i c . l l o
P. Grotta di Terra
o del Bordo

P. della Cannuccia

Spiaggia di
S. Pancrazio

152
S. Pancrazio

4

P. S. Pancrazio

5

1

MARE TIRRENO

6

MARE

TIRRENO

Ventotène

Ris. Naturale
della Foce Volturno
e Costa di Lícola

Borgo Domitio
San Sossio
Villággio Cóppola
Santa Maria a Pantano
Pineto Mare
Ischitella Lido
Ischitella Lido

Lago di Pátria

Marina di Lago di Pátria
Líternum
Maccánico
Parco della Noce
Pa Arcu

Lícola Mare
Lícola Borgo

Monte Cuma
Lago Avé
Lago Fusar

Torregáveta
Be Cap

Capo Bove
Canale di Prócida

Monte di Prócida
(66)

Prócid
(27)

Lido di Prócida
l'Olmo
Ísola di Próci
Cèntane
Flegrei

Ísola Vivara
Santa Margherita Vécchia
Marina di Chiaiolella
Punta Solchiaro

Lacco Ameno
(2)
Punta Cornácchia
Montevérgine
Santa Restituta

Casamícciola
Terme
(43)

Villa Bagni

Forío
(18)
Spiaggia di Citara

Fango
Monterone
San Antuono
Quatto
Fontana
Monte Epomeo
(452)
270

Máio Bagni
Íschia Porto

Íschia
(2)
Íschia Ponte

Fiaiano
San Antuono
San Michele
Piedimonte
Casabona

Punta Imperatore
Panza

Barano
d'Íschia
(210)
Punta San Pancrázio

Succhivo
Testáccio
Lido dei Maronti

Sant'Ángelo
Punta Sant'Ángelo

Ísola d'Íschia

Canale di Próci

Canale d'Íschia

Capri

LEGENDE REISEATLAS

Hauptstraße
Main road

Nebenstraße
Minor road

Fahrweg (in Wald- und Agrargebieten
z. T. für den öffentlichen
Verkehr gesperrt)
Carriage-way

Karrenweg o. Saumpfad
Bridle path

Fußweg
Foot path

Zahnradbahn
Funicular

Seilbahn
Cableway

Sessellift
Chair lift

Autofähre mit Anlegestelle
Drive on/ drive off car ferry

Personenfähre mit Anlegestelle
Foot passenger boarding point with pier

Tragflächenbootlinie
Hydrofoil line

Öffentliche Gebäude
Public buildings

Kirche, Kapelle
Church, Capel

Wegkreuz, Denkmal
Way-side shrine, monument

Schloß, Burg, Kloster
Castle, Fortress, Monastery

Schloß-, Burg,-Klosterruine
Castle-, Fortress,-Monastery ruins

Höhle, Grotte
Cave, Grotto

Golfplatz, Minigolf
Golf course, Minigolf

Sportplatz
Sports ground

Tennisplatz
Tennis court

Aussichtsturm
Lookout tower

Reitstall
Riding stable

Wanderweg, meist markiert
Footh path, mostly marked

Gasthof, Hotel, Restaurant
Guesthouse, Hotel, Restaurant

Jugendherberge
Youth hostel

Campingplatz
Camping site

Archäologische Ausgrabungen
Archeological excavations

Unfallstation
First aid station

Schöner Ausblick
Beautiful view

Badestrand, Badeanstalt
Bathing beach, Public bath

FKK (Freikörperkultur)
Nudist colony

Hallenbad
Indoor swimming-bath

Thermalbad
Thermal bath

Wassersportvereinigung
Water sport club

Windsurfschule
Windsurfing school

Wasserskischule
Waterskiing school

Tauchschule
Diving school

Bootsvermietung
Boat hire

Hafen, Ankerplatz
Port, Mooring place

Schiffstankstelle
Marine service station

Omnibushaltestelle
Bus-stop

Hubschrauberlandeplatz
Helicopter landing place

Flugplatz
Airport

Park
Park

Wald   Mittelmeervegetation
Wood   Mediterranean vegetation

Weinanbau
Vinyard

Leuchtturm, Leuchtfeuer
Lighthouse, beacon

Höhenlinien
Contour lines

Quelle, Brunnen
Well, pump

Fumarole
Fumarole

500 m

REGISTER

In diesem Register finden Sie alle erwähnenswerten Orte, Sehenswürdigkeiten, Thermalbäder und Hotels. Halbfette Seitenzahlen verweisen auf den Haupteintrag, kursive auf ein Foto.

(I) = Ischia Ort; (C) = Casamicciola; (L.A.) = Lacco Ameno; (F.) = Forio; (S.A.) = S. Angelo

Was bekomme ich für mein Geld?

Rechnen Sie als Faustregel: Sie versetzen bei der Lire-Summe das Komma um drei Stellen nach links, dann haben Sie grob gerechnet Ihren DM-Wert. Und nun ein paar Beispiele: Fangopackung und Thermalbad kosten in der neuen Kuranstalt *Ischia Thermal Center* 45 000 Lit, Massagepreise liegen zwischen 25 000 und 90 000 Lit. Für den echten Ischia-Fango im 500-ml-Tiegel bezahlen Sie 25 000 Lit. Tageskarte in den Poseidongärten: 40 000 Lit. An Ischias Sandstränden verlangt man für Liegestühle um 6000 Lit, für Liegebetten ab 10 000 Lit, für Sonnenschirme um 4000 Lit. Der Espresso-Kaffee kostet an der Stehbar ca. 1500, eine Tasse Cappuccino ca. 2000, ein Eis zum Schlecken ab 2500 Lit. Ladenpreis für eine Flasche »Amarischia« (beliebter Kräuterlikör): 10 000 Lit, für »Lemonis«-Zitronenlikör 19 500 Lit. Beim Friseur zahlt man für Waschen und Legen 25 000 Lit. Eintrittspreis zur Aragoneserburg: 10 000 Lit. Busfahrten ab 1500 Lit, Taxifahrt – z.B. von Ischia Porto nach Forìo – ca. 25 000 Lit, Inselrundfahrt mit dem Schiff 20 000 Lit. Das Schnellboot Neapel – Ischia Porto kostet rund 15 500 Lit, die Autofähre Neapel – Ischia Porto rund 9000 Lit. Für Falschparken ist die Strafe 60 000 Lit; der Abschleppdienst kostet zusätzlich 100 000 Lit.

DM	Lit	Lit	DM
1	983	100	0,10
2	1.965	500	0,51
3	2.948	1.000	1,02
4	3.931	1.500	1,53
5	4.914	2.000	2,04
10	9.827	5.000	5,09
20	19.654	7.500	7,63
25	24.568	10.000	10,18
30	29.481	20.000	20,35
40	39.308	25.000	25,44
50	49.135	30.000	30,53
75	73.703	40.000	40,70
100	98.270	50.000	50,88
200	196.541	60.000	61,06
250	245.676	70.000	71,23
300	294.811	80.000	81,41
500	491.352	90.000	91,58
750	737.028	100.000	101,76
1.000	982.704	500.000	508,80
2.000	1.965.409	1.000.000	1.017,60

Bei Scheckzahlung/Automatenabhebung am Urlaubsort berechnet die Heimatbank die obenstehenden Kurse. Stand: April 1998

Damit macht Ihre nächste Reise mehr Freude:

Die neuen Marco Polo Sprachführer. Für viele Sprachen.

Sprechen und Verstehen ganz einfach. Mit Insider-Tips.

Das und vieles mehr finden Sie in den Marco Polo Sprachführern:
- Redewendungen für jede Situation
- Ausführliches Menü-Kapitel
- Bloß nicht!
- Reisen mit Kindern
- Die 1333 wichtigsten Wörter